和谐校园文化建设读本

巍巍雄山

WEIWEIXIONGSHAN

李 畅/编写

U0739700

吉林教育出版社

图书在版编目(CIP)数据

巍巍雄山 / 李畅编写. 一 长春：吉林教育出版社，
2012.6（2018.2 重印）

（和谐校园文化建设读本）

ISBN 978－7－5383－8795－7

Ⅰ．①巍… Ⅱ．①李… Ⅲ．①山－中国－青年读物②
山－中国－少年读物 Ⅳ．①K928.3－49

中国版本图书馆 CIP 数据核字(2012)第 116009 号

巍巍雄山　　　　　　　　　　　　　　　　　　　　　　李　畅　编写

策划编辑　刘　军　　潘宏竹

责任编辑　尹曾花　　　　　　　　　　　　　　**装帧设计**　王洪义

出版　吉林教育出版社(长春市同志街 1991 号　邮编 130021)

发行　吉林教育出版社

印刷　北京一鑫印务有限责任公司

开本　710 毫米×1000 毫米　1/16　　13 印张　　**字数**　165 千字

版次　2012 年 6 月第 1 版　2018 年 2 月第 2 次印刷

书号　ISBN 978－7－5383－8795－7

定价　39.80 元

总 序

千秋基业，教育为本；源浚流畅，本固枝荣。

什么是校园文化？所谓"文化"是人类所创造的精神财富的总和，如文学、艺术、教育、科学等。而"校园文化"是人类所创造的一切精神财富在校园中的集中体现。"和谐校园文化建设"，贵在和谐，重在建设。

建设和谐的校园文化，就是要改变僵化死板的教学模式，要引导学生走出教室，走进自然，了解社会，感悟人生，逐步读懂人生、自然、社会这三部天书。

深化教育改革，加快教育发展，构建和谐校园文化，"路漫漫其修远兮"，奋斗正未有穷期。和谐校园文化建设的研究课题重大，意义重要，内涵丰富，是教育工作的一个永恒主题。和谐校园文化建设的实施方向正确，重点突出，是教育思想的根本转变和教育运行机制的全面更新。

我们出版的这套《和谐校园文化建设读本》，全书既有理论上的阐释，又有实践中的总结；既有学科领域的有益探索，又有教学管理方面的经验提炼；既有声情并茂的童年感悟，又有惟妙惟肖的机智幽默；既有古代哲人的至理名言，又有现代大师的谆谆教诲；既有自然科学各个领域的有趣知识，又有社会科学各个方面的启迪与感悟。笔触所及，涵盖了家庭教育、学校教育和社会教育的各个侧面以及教育教学工作的各个环节，全书立意深邃，观念新异，内容翔实，切合实际。

我们深信：广大中小学师生经过不平凡的奋斗历程，必将沐浴着时代的春风，吸吮着改革的甘露，认真地总结过去，正确地审视现在，科学地规划未来，以崭新的姿态向和谐校园文化建设的更高目标迈进。

让和谐校园文化之花灿然怒放！

本书编委会

❀❖ 目 录 ❖❀

"会当凌绝顶，一览众山小"——泰山

望岳

杜甫

岱宗夫如何？齐鲁青未了。

造化钟神秀，阴阳割昏晓。

荡胸生层云，决眦入归鸟。

会当凌绝顶，一览众山小。

  遍览我国的名山，没有哪座山比泰山与我们的关系更加密切，在漫长的岁月里，她不仅给予华夏子孙以生存的庇护，还给予我们精神驰骋的广阔空间，从这里，中华民族由蒙昧进入文明。一座泰山，可谓中国传统文化的缩影。

历史文化铸巨篇

　　泰山位于我国古代齐鲁文化的中心地带，不仅自然景观雄奇秀丽，而且人文景观丰富，是我国著名文化名山，也是民族文化的缩影。

　　从奴隶社会到封建社会数千年间，历代帝王对泰山都非常尊崇，据《史记·封禅书》记载，自无怀氏起到西周时止，共有七十二代君主相继到泰山燔柴祭天，举行封禅大典。史书中关于封禅泰山的记载，是从秦始皇开始的。秦始皇统一中国后的第三年即到泰山举行声势浩大的封禅活动，亲自登上泰山顶，设坛祭祀，非常隆重。传说秦始皇第一次登泰山时，曾在山上的松树下避过雨，因大松树护驾有功，被封为"五大夫"松。秦二世继位后也到泰山进行过封禅活动，从中天门步行到约1000多米的五大夫松旁的五松亭。其后，汉武帝刘彻、光武帝刘秀、汉章帝刘炟、孝安帝刘祜、唐高宗李治及武则天、唐玄宗李隆基、宋真宗赵恒、清圣祖爱新觉罗·玄烨、清高宗爱新觉罗·弘历，等等，都曾相继来过泰山，进行封禅活动。

　　皇帝亲自到泰山进行封禅活动，为泰山遗留下大量历史文物和典故传说，丰富了泰山的人文景观。

　　在建国后修筑的往返20千米的登山道沿途，处处都有古代的摩崖石刻和碑碣

秦始皇封禅泰山

　　秦始皇登临泰山封禅时，于半山坡曾遇暴风骤雨，不得不避雨于山腰的大松树之下。霎时雨过天晴，秦始皇愁眉一展，立刻在百官面前兴高采烈地称赞松树为他避雨有功，马上封松树为"五大夫松"。

题词，数以千计。从字体看，真、草、隶、篆，样样俱全；从流派风格看，颜、柳、欧、赵，应有尽有。其中保存于岱庙的秦代李斯石刻，是中国书法艺术的稀世瑰宝。此外，汉代张迁碑、衡方碑、晋夫人碑，北魏经石峪摩崖石刻、唐代双束碑，等等，都是不可多得的石刻珍品。因此，泰山被称为"中国历代书法艺术博物馆"是当之无愧的。很多书法作品依山石而刻，因势造型，与自然风光相映成趣，这在其他名山是罕见的。

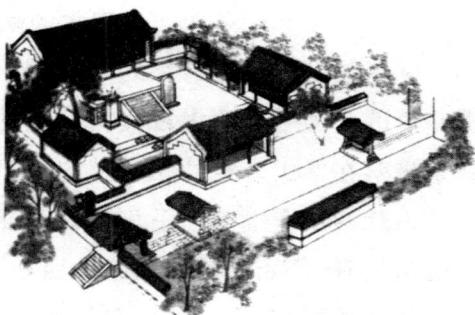

东岳御座鸟瞰

东岳御座是封建时代皇帝在泰山巡视封禅时的行宫，这是一组院落式组合建筑。

泰山也为历代文人墨客所敬仰。从孔子登泰山小天下开始，汉代司马迁，魏时的曹植，晋代陆机和谢道韫，唐代李白，杜甫和刘禹锡，宋代苏轼、苏辙，元代李简、郝经，明代宋濂、王世贞、清代袁枚、姚鼐等，都为泰山所深深吸引，留下了赞颂泰山的诗文。在岱庙内还刻有革命前辈朱德、陈毅和剧作家郭沫若等人赞美泰山的诗句。据粗略统计，从汉武帝刘彻的"高矣，极矣，大矣，特矣，状矣，赫矣，骇矣，惑矣"，到朱元璋的"岱山高兮，不知其几千万仞；根盘齐鲁兮，不知其几千百里；影照东海兮，巍然而柱天"，从杜甫的"会当凌绝顶，一览众山小"，到郭沫若的"危岩森壁垒，盘道上天梯"，历代文人骚客赞美泰山的诗词歌赋约有1000多篇。

此外，游人从山脚到山顶，一路上还可以深深感受到无处不在的宗教文化的遗迹，其中我国寺院"四绝"之一的灵岩寺就坐落在泰山西北麓。在隋唐以后，泰山成为齐鲁佛教中心，外国僧人也常到这里礼佛。宋明以后，道教影响日渐广泛，到了清代，更是以奉祀碧霞元君为神的道教的天下。因此，现在留传下来的道教宫观祠宇建筑很多。

宏大巍峨的岱庙

你可能到过我国首都北京,参观过故宫。可是你知道可以和故宫相提并论的我国另外两大古代宫殿式建筑群吗? 一处是曲阜孔庙,另一处就是坐落在泰山南麓冲积扇上的岱庙。

古代泰山有上、中、下三庙。上庙即岱顶的东岳庙,中庙即王母池附近的岱岳观,岱庙就是下庙。上庙和中庙早已倒塌,现在只剩下下庙。

岱庙面积约 160 多亩,总体布局以南北为中轴,分中、西、东三路,两厢配以殿、庑、廊、亭,四周修筑有红色宫墙和飞檐凌空的角楼,规模宏大,殿宇巍峨。

现在岱庙雕梁画栋,修葺一新,似乎看不出它的悠远历史。据史料记载,岱庙的建筑时间大概比故宫和孔庙都要早得多,有"秦即作畤""汉亦起宫"的记载,唐、宋、元、明、清、民国,历代都有扩建和重修。据宋徽宗时的《重修泰岳庙记碑》一文记载,当时岱庙已有"殿、寝、堂、阁、门、亭、库、馆、楼、观、廊、庑八百一十有三楹",可谓壮观宏伟。

为什么要在泰山劳民伤财地修筑这么大规模的一座庙宇呢? 这和

不同的历史时代对山的认识和利用水平有关。古代由于生产力的落后，人们对高山大川产生一种不能解释的恐惧感，产生了对山神河神的崇拜。我国古籍《礼记》一书中曾记载道："山川丘陵能产生风雨云雾和怪物，因为山是有'神'的。"另一部古籍《山海经》也写道："高山是天帝在地上的都城。"既然高山是天帝在地上的都城，那么作为天帝之子的皇帝自然需要到都城去朝拜，以取得正统名分。封禅就是古代帝王这种朝拜活动的仪式。泰山居我国古代文化的中心地带，秦、汉、唐、宋、元、明、清各代皇帝都到泰山进行封禅活动。为了宣扬皇权受命于天，封禅活动就成了一种旷代大典。泰山又是五岳之首，岳庙自然就成为规模浩大的古代建筑群。

这座古代建筑也如我们苦难的民族一样，历经磨难。远的不说，从唐代到建国前，大的火灾就有三次，每次几乎都使岱庙荡然无存。每次大火后，都进行了重修，形成了现今的规模。特别是泰安解放后，人民政府多次拨款，不断修葺，使这些古老的建筑旧貌再现、熠熠生辉，成为泰山地区一大景观。

现在岱庙由亭、门、殿、院、塔等构成，参差错落。其中最著名的亭叫遥参亭，是进入岱庙的初阶，最早叫作草参亭。帝王在岱庙举行大典前，要在这里先进行简单的仪式。明朝嘉靖十三年，右副都御史吕经将其改为遥参亭。

岱庙的门不仅多，而且独具特色。著名的有配天门、仁安门、炳灵门等，高大的门楼，金黄色的琉璃瓦辉映在唐槐汉柏之间，格外庄严、沉静。

岱庙的殿，首推天贶殿。天贶殿不仅高大宏伟、历史悠久，而且殿内墙壁上的《泰山神启跸回銮图》，图案绚丽，构图宏伟，具有较高的艺术价值。

在天贶殿之后有一座造型优美、工艺精湛的明代铜亭，通体鎏金，金碧辉煌，名为"金阙"，是亭中珍品。与"金阙"对应的还有一座明代黑黝黝的铁塔，原高 13 层，可惜在战争中被外国侵略者毁掉 8 层，现仅存 5 层残塔。

天贶殿

　　天贶殿是岱庙的主体建筑,为一重檐庑殿式单层土木混合结构建筑,整个大殿坐落于岱庙中部的高大台基上,前面有宽大的露台,周围有石雕栏杆,大殿用黄色琉璃瓦覆盖,椽、檐、垫板、斗拱都有彩绘,使整个天贶殿雄壮、大气,尽显皇家气派。

壁画及"天书"

　　泰山不但风光美丽壮观,而且古代文化遗迹星罗棋布,传说掌故俯拾即是,其中关于"天书"的故事和岱庙大殿中的壁画,很有代表性。

　　当你步入岱庙天贶殿,看到东西北三面墙壁上都是浓墨重彩的壁画时,一定会被它场面的宏大、内容的繁复所惊呆。三面壁画构成一个篇幅巨大、布局严谨的整体,壁画总长 62 米,高 33 米。画面内容不仅有高峻的山峰、湍急的河流、茂密的树林,而且有姿态各异的人物 600 多个。专家考证后认为这是描写"东岳大帝"出巡时的盛况。作品题为《启跸回銮图》,东面的壁画叫"启跸图",西面的壁画叫"回銮图"。"启"就是出发的意思,"跸"就是清道、肃静之意,"回銮",就是返回的意思。因此,东面的壁画是描写"东岳大帝"出巡的盛况,西面的壁画则是描写"东岳大帝"

班师回朝的情景。

泰山神启跸回銮图(局部)

　　此图是天贶殿内的巨大壁画,相传为北宋时期的作
品,分为东西两幅。东为"启跸图",西为"回銮图",生动
描述了东岳大帝出巡的场面,是道教壁画中的珍品。

　　谁是东岳大帝? 就是泰山。泰山为什么被称为大帝? 它又怎么会
出巡? 现在听起来觉得滑稽可笑,可当时泰山东岳大帝的称号却是皇帝
封的呢! 唐玄宗曾于公元725年封泰山为"天齐王",宋真宗于公元1008
年又在前面加了两个字,封为"仁圣天齐王",元世祖于公元1291年又加
了几个字,把"王"升为"帝",封为"天齐大王仁圣帝"。既然是帝,是王,
出巡天下也就成为画家自然的合乎逻辑的想象了。据说,这幅作品的艺
术原型是宋真宗到泰山时的场面。

　　历史上岱庙几次毁于大火,因此作品究竟是哪代所画,也很难考证,
比较一致的意见认为是宋代作品,这幅壁画在我国古代壁画中是极少见
的,具有很高的历史、文化、艺术价值。

　　历史古迹固有的内容往往被人们忘却了,但它的外壳却留下来被人
瞻仰。天贶殿本身就如《启跸回銮图》一样给人留下久久的思索。

　　当你面对着与故宫太和殿、孔庙大成殿一样宏伟的天贶殿,谁会想

到它竟是"天书"骗局的产物。据史书记载,宋真宗在享乐厌战思想指导下,拒绝了寇准积极备战以防契丹再侵的建议。他听信大臣王钦若的意见,从公元1008年初开始先后以天帝托梦的形式,连续搞了四次降"天书"的活动。那年6月6日,有人看到自天空降下一条黄帛,落在了泰山脚下红门西面的小树上。于是有人拾起送到宋真宗赵恒手里,赵恒一见大喜,如获至宝,认为这是"天书"。并于10月选择黄道吉日,率领群臣从开封出发,用大车拉着"天书",浩浩荡荡来泰山,举行告祭大礼,并下诏通告天下,把6月6日定为"天贶节"。第二年又下诏修建了天贶殿。贶是赐予的意思,天贶就是天帝赐予的意思。其实,哪是什么天赐,都是宋真宗和王钦若搞的鬼。

雄浑壮丽胜众山

黑龙潭和白龙池

人们常把山和水联系起来,称山水,这是非常有道理的。泰山不仅山雄,而且水秀,主要溪水有三条,即东溪、西溪和中溪。此外,还有两座较大的水库,一座叫龙潭水库,另一座叫虎山水库。众多的潭、池、湾、泉等更是星罗棋布,其中黑龙潭和白龙池可谓众多"水"中的两颗明星。

长寿桥下的石崖平滑宽广,叫东百丈崖,崖上有一条反差强烈的石纹,俗称"阴阳界"。在东百丈崖下面有一个天然形成的石穴,宽仅数丈,就是著名的黑龙潭。关于黑龙潭的传说有很多,有的说黑龙潭非常深,连着东海,里面住着龙王的部下;有的说它与白龙池相通。实际上黑龙潭是由于山水常年冲击形成的口小腹大的石穴。每当夏秋季节泰山地区雨水大的时候,就有瀑布从崖上飞泻而下,几经盘桓,直抵潭底。这时潭水碧绿,瀑布雪白,犹如玉龙舞空中,黑龙盘潭底。特别是雨后初霁,满山新绿,白云低垂,只听瀑布轰然鸣响,在静空中分外撼心摇肺。这一泰山奇观,被称为"云龙三现"。正如古代诗人所说的:"冒雨游山也不嫌,游山遇雨景更添。"

  黑龙潭附近还是泰山西路植被最好的地区,花草树木,争奇斗艳,奇石流水,互相辉映,风光异常秀丽。长寿桥、云水亭、风雷亭和百丈崖互相呼应,衬以远处的扇子崖背景,构成一幅天然图画。

  白龙池在黑龙潭下面 500 米左右,池水清澈见底,池中游鱼、细石、水草都清晰可见。周围绿树青草相衬,显得格外秀气。而且关于白龙池的传说也很美:很久以前,池中有一条白龙,他曾变成一个英俊的小伙子来到岱南田老汉家做工。田老汉看他勤劳忠厚又肯干,就把女儿许配给他。小两口非常恩爱,夫耕妇织,生活美满。有一年大旱,小伙子变成白龙,把尾巴插到井里,水就顺着尾巴哗哗流进干旱的田地里。后来被村民发现了,消息很快传开了。白龙知道自己的身份泄露,只好同妻子告别。临走时白龙对妻子说:"你要找我时,就到白龙池。"后来,妻子还真到白龙池找过白龙。村民以后每逢天旱就到白龙池求雨。现在离白龙池不远处就是龙潭水库,可灌溉农田果园 1000 多亩,再也没有人到白龙池去求雨了。

白龙池中有一块巨大的岩石,好像古代帝王的玉圭,所以称"玄圭石"。上面石刻很多,大部分都是宋代人所留,可惜由于修筑了拦河坝,使许多石刻浸入水中。玄圭石立于激流之中,犹如乘风破浪的舰艇,又称"石舟",大概这也是泰山众多"水"中唯一的舟吧。

环山路名胜

泰山环山公路是 1956 年修筑的,一般指东起王母池,西至龙潭水库这一段公路,其长度近 3000 米。环山路像一条黑色飘带,从泰山腰部将中路和西路连接起来。这里接近泰山脚下,植物茂盛,风景秀丽,而且文物古迹也很多。

如果你从西向东走,出龙潭水库约 500 多米,即到冯玉祥先生墓。站在冯玉祥先生于 1935 年所建的大众桥东头,顺石阶而上,首先映入眼帘的是郭沫若题写的"冯玉祥先生之墓"7 个潇洒苍劲的大字,接着看到的是冯玉祥先生的浮雕头像。先生墓是用泰山花岗石筑成,稳固、庄严。1953 年 10 月 15 日,冯玉祥先生的骨灰盒被安置在刚刚建好的墓穴内。大众桥头有墓坊一座,桥东南有草亭一座,遥相呼应。

　　再继续东行,不出 1000 米就到了范铭枢同志的墓,世称"范老墓"。范老在抗日战争之前就很同情革命,曾被捕入狱,经冯玉祥营救释放后,拜冯玉祥为老师。抗战期间任山东省参议会参议长。抗战胜利后加入中国共产党,那年他已 81 岁高龄。1947 年 10 月 2 日病逝,终年 82 岁。墓碑上林伯渠题词——"革命老人永垂不朽",以及谢觉哉题词——"永远是人民的老师"。

　　范老墓东北方是"辛亥革命滦州起义烈士纪念堂"和"辛亥革命滦州起义烈士纪念碑",连同普照寺东的辛亥滦州革命烈士祠,都是为纪念1911 年响应武昌起义而举行滦州起义时牺牲的烈士修建的。在纪念祠小东门外岩石上,刻有原国民党代总统李宗仁先生的一副挽联:百世名犹存,众所瞻依,祠巍泰岱;三代道未泯,闻兹义烈,气肃冰霜。

　　普照寺是环山路上唯一一座古代著名寺庙。古寺前临小溪,后托青山,五个小院落因势而成,前后三层,左右对称。寺内古松苍翠,银杏遮天,整座古刹笼罩于绿荫之下,颇有"曲径通幽处,禅房花木深"的意境。

　　普照寺有摩松楼五间,楼前有一株"六朝松",树冠高大如棚盖,树身绿苔披挂，虽历经千余年，仍枝叶茂盛、生机勃勃。每当皓月当空，银白色的月光从树叶缝隙中筛落下来，在平坦的石板地上留下斑斑驳驳的图案，随着月亮的移动，图案千变万化，其妙无穷，可谓泰山一绝。旁有一亭，叫"筛月亭"，专为赏松枝月影的。亭前石阶下有一块"如意石"，色黑如墨，刻有极精致的花纹。"六朝松"前有石碑一块，上面镌刻着郭沫若写的一首诗："六朝遗植尚幢幢，一品大夫应属公。吐出虬龙思后土，招来鸾凤诉苍穹。四山有石泉声绝，万里无云日照融。化作甘霖均九域，千秋长愿颂东风。"

普照寺历史悠久，据说创建于晋魏，扩建于唐宋时期，重建于金元时期。明代时，高丽僧满空曾在此做过住持，清朝康熙初年曾加以扩建，并遍植菊花，号称"菊圃"。冯玉祥先生和普照寺还有一段缘分。1932年至1935年间，他曾两次在此居住，至今还流传着有关他在普照寺时的传说故事。

在泰山居住过的历代名士很多。烈士祠西北不远的五贤祠，就是为纪念五位贤士修建的。最初称三贤祠，祭祀宋儒孙明复、石守道和胡安定。到了清代又增加了二人：宋涛和赵国麟。他们在此读书，十几年不回家,接到家书投入山涧,以示苦读的决心。五贤祠北上不足二里是三阳观旧址。冯玉祥曾在此筑屋读书。

三阳观遗址不远有一座小山,名金山。金山南坡是革命烈士陵园,这里埋葬着抗日战争和解放战争中为革命牺牲的数百名先烈。

环山路名胜使人想起多少中华民族的仁人志士曾在这里休息和汲取力量,又为了祖国的山水而长眠在它的怀抱,不禁令人肃然起敬。

沿着中路登泰山,过了对松山,便到了著名的十八盘。

登山也如读小说,情节有高潮,也有低潮。读到高潮时,险象环生,心情也跟着绷紧;读到低潮时,情节舒缓,心情欢愉平静。到了对松山,就好像高潮前的铺垫。看着那层层叠叠的松海中低云缭绕,听着那松涛如巨浪拍岸,轰然鸣响,游人平静的心境中骤然增添了几分紧张。清代乾隆皇帝曾到此写诗赞道:"岱岳最佳处,对松真绝奇。"绝奇在哪?大概和此处由舒缓到紧张的心情不无关系吧!

有人说登泰山不登十八盘就没有泰山味,是有一定道理的。这里是泰山最险峻的一段,两侧悬崖峭壁,足下万丈深渊,够险,够难!自古以来,登十八盘是对登攀者的意志和体力的考验。

从对松山到南天门相对高度有 400 多米,

泰山十八盘

在泰山南天门下,对松亭北,两侧山岩壁立,汉代称环道,唐代时有盘道之称,北宋时有"十八盘"之称。十八盘如云梯倒挂,被誉为"天门云梯"奇观,是泰山的主要标志。

有石阶1500多级,被形容为"万仞劈险关,云梯架南天"。往上爬,真如登云梯一般。当地有民谚说:"紧十八,慢十八,不紧不慢又十八。"从对松山上的对松亭到龙门坊为第一个"十八盘",即"慢十八";从龙门坊至升仙坊为第二个"十八盘",即"不紧不慢又十八";从升仙坊至南天门为第三个"十八盘",即"紧十八"。"十八盘"两旁双峰耸立云霄,叫"石壁峪",东侧为飞龙岩,西侧为翔凤岭。

"紧十八盘"又叫"环道",两旁黝黑的悬崖耸立,立陡立崖,游人提心吊胆,不敢昂视,唯有足下用力,唯恐两旁悬崖坠落。每当行人鱼贯而上时,后人只见前人脚跟,前人只见后人头顶,好像一个人踩着另一个人的头顶往上爬行。开始可以登几十级一歇,后来甚至登一级就要歇一下,喘一会儿。"十八盘"的名称始见于元代初年的《天门铭》碑铭文:"一窍开,达底处,十八盘,盘千步。"关于十八盘的传说很多,据说滑轮就是从十八盘往上拉玉碑时发明的。玉碑运到紧十八盘怎么也上不去了,有推的,有拉的,就是运不动。这时从山上下来一个老头儿,说了一句:"你们怎么这么笨呢?往下拉!"怎么往下拉呢?

大家想啊想啊,终于想出了滑轮。这个老头就是鲁班师傅。至今玉皇顶上还有个鲁班洞,它就是为了纪念鲁班而修的。1956年人们对盘道进行了翻修,加宽了台阶,增设了休息台和铁栏杆,重修了扶手墙。即使这样还如此难行,古人登十八盘该是多么艰难啊!

就像小说的情节发展到了高潮就戛然而止一样,登上"紧十八",就到了南天门。这里居高临下,视野开阔,地势平坦,游人回首来路,顿觉凉风习习,精神为之一振,不禁使人想起唐代大诗人李白《游泰山》中的诗句:"天门一长啸,万里清风来。"

登上南天门再上玉皇顶,就比较好走了,因此登上南天门好比登上天堂。这里的名胜古迹也全是天上名称,什么"仙人洞""西天门""天街",等等。当看到天街店铺门口挂着的双升、筶箩、木碗、鹦哥、笊篱等等时,又感受到乡土风味,才恍然想到这里还是风尘人间。

从王母池到经石峪

登泰山有好几条路,其中主要有西路和中路两条比较好走,景观也最佳。出岱宗坊向北,再转向东不远就到了王母池。从王母池到经石峪一段,是中路最精彩的部分,真是步步有景,景景成趣,景景有典,形成一条丰富多彩的文化艺术长廊。

三国时曹植在诗《仙人篇》中吟道"东过王母庐"，唐代大诗人李白《游泰山》一诗中也有"朝饮王母池"的诗句。可见王母池历史之悠久。现在王母池包括西房、药王殿、观澜亭、吕祖殿和蓬莱阁等建筑，主要为宋代时所建。

　　王母池以东有座小楼，楼上有块匾，匾上书"山不在高"四字，取"有仙则名"的意思。楼下有个不大不小的水湾，叫虬在湾。传说过去有一神虬被王母娘娘囚在这个水湾里。有一天，八仙之一的吕洞宾拿神笔在虬头上一点，那虬立刻化作一条黑龙，腾空飞去。至今附近留有飞虬岭、吕祖洞等古迹。

　　过了天门坊，还未到天阶坊就远远看到西北角大藏岭南端有两片红色的巨石，像两扇大门，这里就是有名的红门宫。红门宫东北石崖上有一块方整的大石头，上刻"小洞天"三个字。洞前为黑石阜，状如火车头，有水从石缝中流出，奇妙无比，被汉代枚乘称为"泰山穿雷石"。黑石阜下有柳条、饮马、石峡三个水湾，当水满月圆时，恰似杭州西湖的三潭印月。红门宫西北方的垂刀山，就是宋真宗派人降"天书"的地方。红门宫北边有一座明代建筑，叫万仙楼，传说万历皇帝的母亲曾在这里出家修行。楼南有隐真洞，附近有并生的三棵大柏树，称为"三义柏"。楼北有块石坪，有唐、宋、元、明各代书法题刻，俨然是小型书法展览。石坪北端有长长的水帘，一年四季都有潺潺流水。石壁上刻有苍劲的"听泉"两个大字。溪东是闻名遐迩的"桃源峪""桃花涧"和"樱桃园"，春夏之季，树木葱茏，百花齐放，听泉赏花，真如同桃源仙境。石壁上刻有"虫二"两个大字，常为游人所惑。传说是清代济南名士刘廷桂所为，取"风""月"两字学心组成，意喻这里"风月无边"。

再往上走便是斗母宫，每逢节假日这里游人很多，是中路一大景观。龙泉水从宫旁流过，溪中有三连小潭，一个低于一个，潭水好听又好看，被誉为"三潭迭瀑"。斗母宫有听泉山房数间，可以一边听泉水叮咚，一边观赏周围美景。宫西有一株古槐，虬枝卧地如同一条巨龙，称"卧龙槐"。传说槐精经常幻化为人形，为农民治病，人缘很好。

著名的经石峪就在斗母宫东北方，翻过一个小岭即到。在大约1亩左右的略有坡度的巨大花岗岩石坪上，刻着佛教金刚经文，每个字大约有50厘米,字体为隶书,气势雄伟,非泰山不能匹配。据考证原有2500多字,现在保存完好的还有1067个,可以说是稀世珍宝。周围还有很多赞美经石峪的题刻,如高山流水亭上的对联"天门倾泻一帘雨,梵石灵呵千载文"等,虽然字体秀丽,但在石刻前面总有班门弄斧之嫌。

历代文人史家对石刻均给予很高评价,被誉为"大字鼻祖""榜书之宗""榜书第一",认为"字体之大,碑拓中世所罕者,洵巨观也"。旁有郭沫若题写的石碑,上面有诗一首:"经字大于斗,北齐人所书,千年风韵在,一亩石坪铺,阅历久愈久,摧残无代无,祇今逢解放,庶不再模糊。"

郭老认为石刻是北齐人所写,到底是何人何时所写,历来有争议。有的人认为是北齐王子椿所写,有的人认为是北魏郑道昭所写。但有一点是确凿无疑的:这些大字已经在这里经受了1500多年的风风雨雨的摧残,竟然保存了下来。

从王母池到经石峪,路程只几千米,但无数珍贵的古迹、美丽的传说和神话、如诗如画的自然风光,令人产生一种幻觉,真不知今日是何时,此身在何处。

"天上宫殿"碧霞祠

雨云低垂的春夏之交,站在远处遥望碧霞祠,只见红墙褐瓦在云雾中若隐若现,巍峨宏伟的古建筑群好像飘浮在半空之中。古诗"天门遥指碧霞祠,云雾衣裳日月旗""巍巍金殿插云边",确实描绘出了碧霞祠"天上宫殿"的特色。

碧霞祠是泰山规模最大的古代高山建筑群。全祠以山门为界,分为前后两院,前院东西南各有一门,称为神门。东西神门上都建有阁,南神门上建有歌舞楼,是清代顺治年间泰安知州曲允斌重修碧霞祠时增建的。南神门下边还有个大火池,叫"宝藏库",是过去供香客烧纸用的。池南墙壁的石板上,刻有"万代瞻仰"四个大字。东西神门靠北是钟楼和鼓楼,院内有明代铜铸千斤鼎和万岁楼,殿前有香亭一座,亭内神像、摆设也都是铜质的。据记载,祠内原来还有玉石雕刻的玉女像一尊,后来不知去向。香亭东西两旁有明代铜碑一座和清乾隆御碑亭一座。大殿内为碧霞元君的鎏金大铜像。

碧霞元君就是传说中的泰山奶奶，所以过去当地群众称碧霞祠为奶奶庙。传说中的泰山奶奶是泰安县桥沟村人，原姓石，是石敢当的女儿。她和家人吵了架就跑到了泰山上，等她修炼成功后，泰山已被西天老佛爷先占了。西天老佛爷为了证明自己是第一个来泰山的，就把一个木鱼埋在了泰山顶上作为记号。泰山奶奶更有心眼儿，把她的绣鞋埋在了木鱼底下，然后再去找老佛爷讲理："泰山是我先占的。"老佛爷说："我先占的！"两人争执不下，老佛爷说："我在山顶上埋了木鱼！"泰山奶奶也说："我埋了只绣鞋！"他俩决定挖出凭证来看看再争论。当然是绣鞋在下面，木鱼在上面，证明泰山奶奶来得早，泰山奶奶赢了。老佛爷一气之下，把山上的树拔起来扔到山下去了，所以至今山上的树木也不多。

这虽然是个神话传说，但却说明一个历史事实。据史书记载，隋唐时泰山是山东地区的佛教中心，宋明以后，泰山佛教日渐没落，而道教影响日盛。到了清代，泰山就成为以奉祀碧霞元君为主神的道教一统天下。因此，道教的宫观祠宇建筑就成为泰山留传至今的主要建筑。泰山专祀碧霞元君的庙宇共有三座，山下的灵应宫为下庙，半山腰的红门宫为中庙，碧霞祠为上庙。

碧霞祠是宋代皇帝赵恒于大中祥符元年（1008 年）10 月登上泰山祭天后的第二年下令修建的。开始称昭真祠，金代称昭真观，明代弘治年间改为碧霞灵应宫，后又改为碧霞宫、碧霞祠。由于考虑到山顶上风力较大，一年有三分之一时间刮大风，加上山顶冬季寒冷，陶瓷瓦很容易裂坏，因此五间正殿的盖瓦、鸱吻、檐铃等都是用铜制作的，左右各三间配殿和五间山门的盖瓦、脊鱼都是用铁制作的，设计相当精致，这在全国古建筑中也是少有的。

碧霞祠不但远看仿佛是天上宫殿，近看也相当宏伟壮观。整座建筑雕梁画栋，金碧辉煌，布局周密，结构严谨。参观后不能不为我国古代劳动人民的智慧和创造精神所折服。

"不游灵岩不成游"

古人说："游泰山不游灵岩不成游"，可见灵岩寺在泰山风景中的地位。灵岩寺坐落在灵岩峪内，这里不仅自然景观同泰山其他地方有不同的特色，而且灵岩寺本身还有很多独领风骚的人文景观。

　　我国名山自然景观历来有：雄、险、秀、幽、奥、奇六大特点。泰山是以"雄"为主旋律，其中不乏"险"，如十八盘，不乏"幽"，如灵岩寺及其周围风景。因此，没有灵岩寺，泰山风景就是不完整的。

　　灵岩寺位于泰山西北麓，周围群山环抱，北有方山，南有竹山，东有朗公山。山上山下松柏苍翠，绿树成荫。附近有甘露泉、袈裟泉、白云洞、摩顶松和朗公石等景点，清幽秀丽，令人遐想。

传说东晋末年高僧朗公在此等候挂帅出征的老友张忠，久而久之，他就化为一尊山石，屹立在昆瑞山上。据史书记载，朗公曾在这里讲经说法，创建过"朗公寺"。后来数度兴废，至唐代高僧慧崇迁建于灵岩峪现址。自那时起灵岩寺就被称为我国（寺庙"四绝之先"，寺庙四绝包括浙江天台山国清寺、江苏南京栖霞寺、湖北江陵玉泉寺和泰山灵岩寺）。

灵岩寺这个名字的来历也很有童话色彩。传说高僧朗公从西安来后，便在昆瑞山上说法。有一天他向听众说："我上次讲法时，大家都看见岩石点头。"有人问他岩石怎么会点头？他说："你们不要大惊小怪，这是佛法感动了山灵。"从此，大家便给此地起名叫灵岩寺。

进入灵岩寺先要经过松桥柏洞，然后依次是一山门、二山门、钟楼、鼓楼、千佛殿、辟支塔和墓塔林等。千佛殿是寺院中的主体建筑，据史料记载建于唐代。殿属单檐殿庑，角楼精致。殿内佛像、壁塑、飞天等都有很高的艺术价值。其中最著名的是宋代彩色泥塑罗汉40尊，被誉为"海内第一名塑"。40尊罗汉各个神态逼真，各具情态，甚至肋骨和血管都如真人一般。有的闭目静坐，有的据理论争，有的怒目而视，有的放眼长远，有的低头沉思，有的茅塞顿开，有的眯眼细思。在我国寺庙泥塑中可谓佼佼者，是罕见的艺术珍品。

千佛殿西边的辟支塔也是著名古建筑，建于唐玄宗天宝十二年（公元753年）。塔高50余米，9层8角12檐，造型优美，端庄古雅，高耸入云。整座塔都是砖结构，竟然在山麓上屹立了1000多年，历经风雨雷电而未被毁坏，真是一大奇迹。

寺西的墓塔林乃是埋葬历代高僧的墓地。墓塔造型各异，反映了唐、宋、元、明、清各代的不同风格。整座塔林的规模在我国仅次于少林寺塔林，但其中如建于唐天宝年间的慧崇塔等，均属于我国文物宝库中的杰作，并不比少林寺塔等逊色。

如果游泰山而不游灵岩寺，确实是不完美的，当你游过之后，自然会得出这样的结论。

四大奇观天人惊

　　过大观峰便望见一座红墙褐瓦的庙宇坐落在山顶最高峰——天柱峰上。这就是奉祀玉皇大帝的玉帝观，玉帝观现有正殿三间，是明代重建的。因俗称玉皇庙，所以天柱峰又称玉皇顶。

　　玉皇顶古迹很多。玉皇观院内有一块裸露的岩石，好像从山体上长出来的巨大的褐色蘑菇头，上面有1921年南阳王均题刻的苍劲大字："极顶"。这就是著名的极顶石。在登封台北边玉皇观门前还有一块古老的石碑，高约5米，碑身黄白色，上下无一字，史称"无字碑"。有人说是因为秦始皇"焚书坑儒"后无人写字，所以无字；也有人说是汉武帝认为自己功德无量，不能以文字形容，所以无字。孔子小天下处虽仅有一块不大的石碣，却极负盛名。玉皇顶东南平坦处叫平顶峰，有"五岳独尊""登峰造极"等石刻。沿路向东为日观峰，日观峰迎面有巨石突出，凌空向北探出，叫"拱北石"，俗称"探海石"。日观峰南是爱身崖，古称舍身崖。崖中间有一巨石突起，高约3米，上刻"瞻鲁台"三字。东崖题有"海日奇观"四字，……瞻鲁台西为"仙人桥"。明代诗人写道："三石两崖断若连，空豪似结翠微烟，猿探雁过应回步，始信危桥只渡仙。"其西方还有一巨石，与

"探海石"相对,称"望海石"。

这些名胜古迹虽然有名气,但和玉皇顶上"四大奇观"相比,却要黯然失色。登泰山观日出几乎成为人们登山的主要目的,是游人最感兴趣的事。但泰山日出并不是每个登上泰山的人都可以看到的。元代有人总结观日出有三遇:"正月无雨,海晕不升,一遇;暮秋气爽,新霁无尘,二遇;仲冬雪后,晓绝云烟,三遇。"看日出最佳时间是春秋两季,因为这时气候温和,阴雨较少,天气晴朗。春秋如遇上天阴多云也不必气馁,泰山气候瞬息万变,晚上还浓云密布,早晨就会万里无云。甚至冒雨上山,第二天还能看到日出。

泰山日出确实美妙,不是笔墨能够描绘的。早晨站在观日台上,静静注目东方,只见白色天幕逐渐变红,变黄,变金黄。群山勾勒出紫色的轮廓。忽然,一轮火球携带着万道金光,随着海水的跳动,时隐时现,上下跳动。实际上跳动的不是太阳,而是海面上大气的流动给人的一种错觉。关于泰山日出奇观,历代文人写了大量诗词歌赋。

如果你没遇上晴天,看不到日出也不必惋惜,"四大奇观"中还有"云海玉盘",还必须在阴天才能看到呢。阴天时云雾汇成一条白色的带子,缠绕在泰山半腰,称为"泰山腰玉"。在中天门北边有块立石叫"斩云剑"。从"斩云剑"两边山谷中升起的白云,最为壮观。这时遥望碧霞祠、玉皇观等,就像神话中的天上宫殿一般。从玉皇顶往山下观望,云层好像平静无垠的万顷海面,一座座山峰顶尖,好像浮出海面的小岛。泰山的云雾真是妙不可言!

另外两大奇观是"晚霞夕照"和"黄河金带"。泰山的晚霞也和别处的不同,另有一种韵味。万道金光穿透片片灰色的云彩,从山脚下直射泰山极顶,好像是黑夜中突然发现了一颗发光的夜明珠。黄河在苍茫中反射着金色的亮光,在山丘田畴间蜿蜒曲折,好像一条金色的带子。

  玉皇顶上的名胜古迹固然珍贵,但毕竟是人为的,玉皇顶上的四大奇观却不是人力所能为,也是别处所没有的。大自然创造的奇观真美妙啊!

"虽有天在上,更有山与齐"——华山

华山

张乔

谁将倚天剑,削出倚天峰。

众水背流急,他山相向重。

树黏青霭合,崖夹白云浓。

一夜盆倾雨,前湫起毒龙。

华山,古称"西岳",是五岳之一,位于陕西省华阴市境内,是古代秦、晋、豫三国的黄河金三角交会处,素有"奇险天下第一山"之称。《山海经》记载:"太华之山,削成而四方,其高五千仞,其广十里。"华山之险居五岳之首,有"华山自古一条路"的说法。

自古华山一条路

　　"自古华山一条路",指出青柯坪至老君犁沟,中经"千尺幢""百尺峡"这条攀登华山的唯一险峻通道。

　　一出风景如画的青柯坪,道旁崖壁上即刻有"脚踏实地,步步留神"八个大字,气氛开始紧张。当猛然抬头,看见"回心石"三个大字横在绝壁上时,你是回心转意,知难而退呢?还是继续前行,体验一下华山的"险味"呢?

　　前面立即出现华山第一险境"千尺幢"。这里幢壁直立,中间仅容二人的槽形裂缝,状如刀刻锯截一般,两边悬垂铁索,中间凿成370多石级。石级皆不满足宽,坡度达70多度,几近垂直。手足并用,爬行而上,眼只能往上看一线蓝天,不敢回头下望。接近顶端,有一方形石洞,名叫"天井"。从"天井"往下望去,如临深井,你会怀疑自己是如何爬上来的。"天井"井口有一铁盖,如果盖上"天井",别说人,就是飞鸟也休想飞上来，"一夫当关，万夫莫开"，用在这里再恰当不过了。这就是华山上有名的"太华咽喉"，名不虚也。

我国古籍中对"千尺幢"多有描写，最早的当推北魏郦道元的《水经注》："欲出井，望空视明，如在室窥窗也。"唐代杜甫也有诗写道："车箱入谷无归路，箭栝（千尺幢）通天有一门。"明代杨嗣昌形容"千尺幢"："形如槽枥，持金绳探石窦以上。"1958年在"千尺幢"和"百尺峡"又开辟了一条复道，分别为上行道和下行道，攀登起来比过去要容易多了。

"百尺峡"是登华山的第二险境。从底到顶约百尺近似直立的石壁上，凿有80余石级。抬头仰望，危石耸峙，直插云霄，令人不寒而栗。当你提心吊胆地爬至顶端时，在似乎欲合的两壁中，夹有两块欲下坠的巨石，悬于头顶。好像故意要考验一下你的胆量似的，巨石腹部刻有三个大字："惊心石"！当你屏气小心地爬到巨石上面时，正庆幸巨石没在此时下坠，心情略有舒展时，再回头一看，巨石上分明刻着另外三个大字："平心石"。

华山流传着一句谚语："千尺幢，百尺峡，老君犁沟慢慢爬。""老君犁沟"同"千尺幢""百尺峡"一样，也是攀登华山必经险途之一。在犁沟上端的石崖上，有"老君犁沟"和"离垢"的石刻。原来"老君犁沟"和"老君离垢"谐音，道教的原意是通过这里就要离开人间尘垢，到达天上仙境。传说道教始祖老子李耳曾从这里离开尘世，羽化成仙。"千尺幢""百尺峡"正如两架天梯，登上天梯，自然是天界。无怪乎离老君犁沟不远处有一座聚仙台，据说黄帝曾在此会晤各路神仙。

太华之山育中华

古之华山，攀登艰难，因此，历代帝王便在山下修庙建寺，举行封禅大典。其中最著名的寺庙要算西岳庙。建筑宏伟，古柏参天，四周红墙围绕，素有小故宫之称。

华山寺庙图 清

在五岳之中，华山以险著称，"自古华山一条道"之说绝非夸大之辞。华山的名胜古迹也很多，庙宇道观、亭台楼阁、雕像石刻随处可见。

古代人认为管理东方的神叫青帝,住在东岳泰山;管理南方的神叫赤帝,住在南岳衡山;管理北方的神叫黑帝,住在北岳恒山;管理中央的神叫黄帝,住在中岳嵩山;而管理西方的神就住华山,叫白帝。因此西岳庙又称白帝庙,是历代帝王拜祭华岳的神庙。

过了"官员至此下马"的碑石,就到了白帝庙第一道庙门"灏灵门"。门额上有"敕建西岳庙"青石牌匾一块,进门西侧建有钟楼和鼓楼各一座。再往前走,便是正门,叫午门。进入高大雄伟的木牌楼——灵星门后,又是一个院落,灵宫殿和冥王殿东西相对。再穿过金城门和金水桥,便来到巍然矗立的灏灵殿,这是西岳庙的主体建筑。

据《汉书·地理志》载,西岳庙最早建于西汉武帝元光初年,北魏时迁现址。唐、宋、金、元称西岳金天王庙,明清改称西岳庙。现在的庙宇基本上是明清建筑。

正由于西岳庙历史悠久,碑石、石雕不但量大,而且品位等级很高,素有"小碑林"之称。在灵星门西南侧有一块残碑,是唐玄宗御制的闻名于世的"天下第一碑"。金城门前的一座石牌坊,建于明朝,用元雕、透雕、浮雕、浅雕等技法,精雕而成,是不可多见的艺术精品。

从西岳庙前行不远,紧接华山峪口,有一座寺院,就是玉泉院。玉泉院傍山依水,绿荫蔽日,充分利用了优美的自然环境,精心构建,山上山下景色融为一体,布局严整、独特。玉泉院又叫希夷祠,康有为游玉泉院时曾作诗道:"泉声岳色可忘世,让与希夷睡万秋。"著名道士陈抟,号希夷,传说他在华山隐居时总是闭门独睡,累月不起,"昏昏黑黑睡中天,无暑无寒也无年"。后周世宗听说他很有学问,又好睡觉,就把他召到都城汴梁(今开封)宫中,关在一间房子里。过了一个月开门一看,他还未醒,人称"睡仙"。后宋太宗又写了"紫袍绰绰宜披体,金印累累可挂腰"的诗句,要他到朝廷做官,他针锋相对地写了"无心享禄登台鼎,有意学仙到洞天"的诗句,表示拒绝。他终生在华山闭门著书立说。死后道士贾得新为他建祠于玉泉院。

出玉泉院北门,便可看到一株枝干龙虬、形态苍劲的古柏。古柏左侧有一棱形的"云门池",池旁有一巨石,相传是赵匡胤饮马拴马的地方。这里也是历史上颇有名气的道教活动地——云台观的遗址。据说建于魏晋时代,后因北周武帝与道士焦道广交往甚密,赐名"云台",从此,这里名声大振。可惜明代毁于战火,观内大都荒芜。

玉泉院东边有唐玄宗妹妹金仙公主修行的"仙姑观",附近还有"纯阳观"。西边还有一座"全真观",也很有名气。华山脚下寺观庙宇很多,但却是道教一统天下,这和泰山多教并存的局面显然不同。

初临险境探名胜

从玉泉院出发,不久便进入华山峪口。两旁尽是悬崖绝壁,一径盘曲而上,开始进入明代文学家袁宏道所说的"小奇小险"之境界。

这里一波三折,险境中不时出现奇观美景。行不足三里便有一块约10多米见方的巨石,特别引人注目。这就是著名的"鱼石",其上有完整的鱼形图案。据说这并不是一般的鱼化石,而是巨石裂面的裂痕,其趣天成。

南行不久，只见花岗岩的崖壁上镌刻三个大字："王猛台"。据说这里是王猛当年隐居和屯兵的地方。王猛少有大志，后隐居此地埋头读书。前秦苻坚得知他很有才华，非常器重，拜为尚书令。王猛便帮他统一了北方和西南广大地区。王猛台前便是五里关，是攀登华山的第一关，也是古代兵家常争之地。垒石成城，据险筑关，依绝壁临深渊，形势异常险要。现在只剩"玉皇洞""焦仙洞"等石洞，及"人闻清钟""第一关"等石刻，当年盛况已不复存在。倒是附近的桃林坪，每逢春夏一片红霞锦浪，还不失为风景独秀的胜地。

再往上攀登，又是险峻深邃的峡谷，称为"张超谷"。据说后汉张超曾在此隐居，并由此羽化成仙。过聚仙坪后又是两山壁立，到了有名的"希夷峡"。传说道士陈抟在临死时，让

他的徒弟在此峡谷中劈石"化形"。沿希夷峡而上便是华山途中第二关，即"石门"。此处非常险要，迎面巨石撑架中空，形成极窄石隙，仅容两人侧肩而过。越是险要处，古代题刻越多，道家用以修真养性的石洞也越多。"天开画图""中天积翠"等苍劲大字，入石三分。

险和美并生，惊和舒交替，大概是华山的一大特点。你看，刚过险关危地便是平坦秀丽的莎萝坪。你可以在此歇口气，然后悠悠然吟诗道："小憩莎萝坪，手抚莎萝树。仰见上方云，时向人间去。"（王士禛诗）还可以向西观赏有名的"灵芝石"，向东眺望奇妙的"桃石"。古人认为，华山到此已入仙界，所以东侧崖上有"大上方"和"小上方"。这里瀑布淙淙，藤葛倒垂，楼阁附崖，古松虬柏，确有几分仙气神韵。

一过莎萝坪，小径立转崎岖回绕，陡上陡下，左盘右转，这就是华山路上有名的"十八盘"，被诗人称为"登临路转盘"的地方。华山有险必有景，路西果然有一闻名遐迩的"毛女洞"，吸引不少过往游人在此驻足。光听听关于毛女的美丽传说，就足以让人留恋盘桓了。传说秦始皇宫中有个宫女叫玉姜，当她听说自己将给秦始皇殉葬时，便偷偷跑到了华山上。在这里她遇上了一位道术高超的谷春道士，教她不食五谷也能生存之法：饥了吃松叶，渴了喝泉水。久而久之，玉姜身上长了一层绿毛。有一天，她忽然觉得身轻如絮，试试竟可以自由飞翔。这时她知道自己已经成仙，可以逃脱秦兵的追捕了。所以她住过的山洞就叫"毛女洞"，"毛女洞"所在的山峰就称为"毛女峰"。据说过去毛女洞中常常传出鼓瑟之声，如泣如诉，悠扬远播。可惜后来再也听不到了，只留下"毛女不可寻，白云迷洞口"（明张守乾诗）的诗句，让游人怅惘伤神。

势飞白云外影倒黄河里

云裹雾绕的北峰

从聚仙台折回北上，过横翠崖，眼前豁然开朗。这里就是华山的北峰。北峰是华山五峰中最低的，但也海拔1500多米，三面悬壁陡垂，顶峰苍松翠柏，十分秀丽。

李白在《西岳云台歌》一诗中"白帝金精远元气，石作莲花云作台"的句子，就是指北峰。北峰经常有白云缭绕，遥看恰似白云托起莲花朵朵，所以，北峰又称云台峰。

云台峰顶虽仅三丈许，但可以站在原"倚云亭"旧址一览群山，鸟瞰秦川，是游人历经险境后的一个理想休憩场所。

在接近峰顶的小径旁有一座石牌楼，兀然屹立，上面镌刻着"北峰顶"三个大字。石牌楼前还有我国著名书法大家张大千兄弟的题刻，极其珍贵。牌楼后面有一座庙宇，叫"真武宫"，一头靠峰头，一头临深渊，依山就势，奇险独特。还有无量庙、翠云宫等古代建筑，皆依山建造，叠起层楼，别有一番山野情趣。

站在云台峰向东望去，雾气弥漫的峭壁深壑处便是有名的"老虎口"，可直通黄甫峪和星星沟。电影《智取华山》中描写的人民解放军八勇士冒险登上华山，消灭敌人的故事就发生在这里。1949年华阴县解放后，伪保安六旅旅长韩子佩带领400多残部上了华山。他派兵把住"千尺幢"，认为万无一失。人民解放军派出以刘吉尧为首的7名侦察员，在当地农民的引导下，星夜出发。他们携带长绳铁钩，进星星沟，越"老虎口"，趁天黑敌人不备，采用先入为主，声东击西的战术，一举解放了华山,创造了奇迹。

云台峰上还有一孔石洞,上边刻有"武帝问题处"五个大字。传说是著名道士焦道广隐居之地。后周武帝听说他能"避粒餐霞",不食五谷,还能知道未来之事,便慕名而来问道于他。

皇帝亲临云台确实不易,离云台不远一处险境名叫"猢狲愁",就够令皇帝惊心动魄的。这里崖壁陡峭,路极险绝。据说从水帘洞出来的猢狲,跑到这里看到道路险绝,也不敢越雷池一步。武帝来一次就不想有下次,但道还要问,怎么办?于是便在山下辟地为焦道广建观,请他到山下居住。至今山下有焦道广观遗址。

云台峰石壁上赫然有四个大字:"白云仙境"。当你登上云台峰,脚下白云飘浮,身边松柏青翠,确实如进仙境,在山下恐怕是没有这种仙境气氛的。

玉女峰

从金锁关南行,过无上洞即达玉女峰顶。玉女峰位于东西南北峰之间,又称中峰,虽略低于东西南峰,但高于北峰 400 多米。

金锁关

金锁关是登华山的咽喉要塞,从金锁关有两条路通往华山顶:一条绕过镇岳宫,通达西峰莲花峰,另一条可直达东峰朝阳峰。

历经千难万险攀登到此，处处风光名胜，如入仙境一般。两条小溪汇流，形成极其壮观的瀑布飞流。古诗"瀑流莲岳顶，流注华山根"（贾岛《马戴居华山因寄》），就是描写这里风光的。青松环绕、古雅幽静的镇岳宫也坐落在玉女峰的一侧，"华岳观上院镇岳宫"八个大字，依稀可辨。

玉女峰顶面积不大，名胜古迹却很多。著名的玉女祠建在偌大的巨石之上，巨石像一只大龟，称为龟石。祠前还有一石臼，名为"玉女洗头盆"。虽是不大的石臼，在历史上却很有名气。大诗人杜甫在《望岳》诗中写道："安得仙人九节杖，拄到玉女洗头盆。"诗人贾岛也写道："玉女洗头盆，孤高不可言。"因为玉女洗头盆位于斜岩之上，一般人很难靠近，文弱的诗人更是可望而不可即，只好抱憾终生。玉女祠的龟石下边，还有一个"玉女室"，北边不远处原来还有一座铁亭，造型精美，叫"品箫台"，其上有"引凤亭"。

传说玉女和她的情人箫史就住在"玉女室"，在"品箫台"吹箫，引来凤凰栖于古柏苍松之上。

玉女的传说在我国流传很广泛，情节也不尽一致。大意是说她原是秦穆公的女儿，自幼聪明漂亮，还能歌善舞，很有音乐天才。有一天晚上她梦见一个英俊少年向她吹箫，吹得她神迷心摇。秦穆公派人到崖下果然找到这一青年，如梦中所见一模一样。此人姓箫名史，与玉女一见钟情，结为夫妻。后来两人突然乘赤龙紫凤腾空而去。有人听到华山附近有凤鸣，宫人把此事报告秦穆公，马上派人上山查访，结果一无所获。秦穆公便命人建祠纪念玉女。

现在的玉女祠大约是明代修建的。祠外有一棵著名的"无根树"。这是一棵古老的松树，看似无根，实则根须扎在花岗岩石风化面的裂隙里，树周围又以石砌成，好似无根一样。玉女的传说大概要比这棵无根树早得多。汉武帝也曾为玉女在山下修过祠庙,唐代诗词中也常有关于玉女的诗句。无论是否真有其事,它所反映的爱情故事却是千百年人间真情,就像这"无根树"一样,看似无根,实则深深地扎根于民间土壤之中。

朝阳峰上的景与险

朝阳峰是美丽的,也是险峻的。朝阳峰又名东峰,高出玉女峰200多米,峰头倾削,绝壁千丈,非常险要。

顶峰有一座"八景宫",宫院有一供奉太上老君的"三清洞","三清洞"石崖上镌刻着"朝阳台"三个一米见方的醒目大字,朝阳台后面是一椭圆形水池,称为"天上液池"。旁有许多历代题刻。峰顶最奇最负盛名的还要算"关中八景"之一的"华岳仙掌"。掌迹在东边的仙掌崖上，游人如果爬到峰顶近处去看真切，往往非失望不可。只有在山下华阴一带远眺，才会看到峰侧石崖上有一巨掌印痕，五指俱全，愈看愈像。

　　关于"华岳仙掌"还有一段美丽的神话传说。当初黄河水流到这里曾被首阳山和华山挡住，不能顺畅入海，附近一片汪洋。巨灵神右手托首阳山，左手托华山，一劈为二，黄河水从中流过，直奔大海。仙掌崖上的手印就是巨灵神劈山时留下的。关于巨灵神劈山的传说，在我国古籍中多有记载。大诗人李白就有"巨灵咆哮劈两山，洪波喷流射东海"的著名诗句。

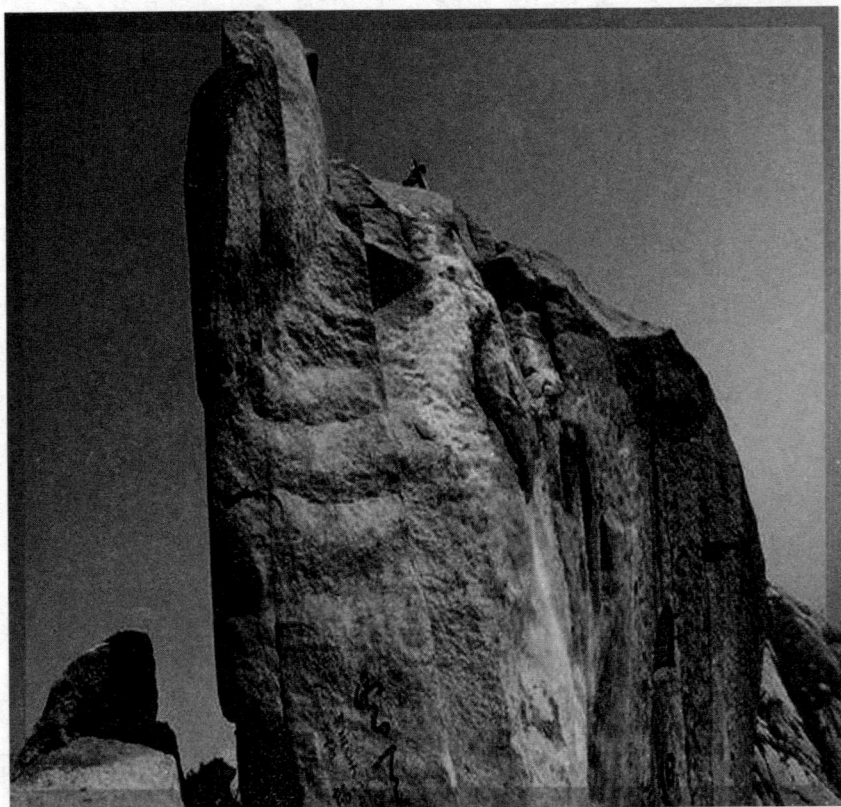

朝阳峰东南方有一略矮一些的孤峰,虽是东峰的组成部分,却无路可通,与外界隔绝。在这座孤峰上有一个很有名气的景点,叫"博台",也叫"下棋亭"。传说当年秦昭襄王与天神搏于此。后来赵匡胤和陈抟老祖也在此下过棋。传说那时赵匡胤还没有当宋朝的皇帝,输了棋随便把华山押给了陈抟老祖。等他当了大宋皇帝,虽然后悔,但"天子口中无戏言",只好把华山封给陈抟老祖。这个故事大概是道教为巩固自己在华山的地位而演义出来的。

华山有名气的景点大都要经过险境才能到达,"博台"自然也不例外。去博台必须先下一段上凸下凹、高六七十米的悬崖。悬崖上有两条铁链顺崖缒下,上下时游人必须手攀铁链,足登石崖。石崖上没有石阶,上下必须按规定动作进行,不能错一步。如下崖经过上凸的那一段石崖时,必须手抓铁链,背向石崖,一步步退下;到了下凹的那段石崖时,则必须手抓铁链,面向石崖,逐步退下。这段著名的险境被称为"鹞子翻身",一般游人可望而不可攀。

朝阳峰不仅有险地,更有美景。在朝阳台观日出并不比在泰山观日出逊色。每当夏季天气晴朗,游人冒着寒气顶着晨星等在朝阳台上。东方渐渐变白,那是太阳快要出来的前兆,接着是无数道霞光瑞条,遥远的地平线上跃出一点红色,开始缓慢地露出血红色半圆。紧接着一轮红日突然从地平线上跳出来,来得让人那样焦急,又来得让人感到突然。如果遇上多云的天气,也不必悲观。朝阳峰观云海也是一大奇观,脚下的白云如海,海上的峰顶如岛。流动的白云,变化万千,犹如惊涛骇浪。

奇险峻秀的莲花峰

莲花峰又称西峰,是华山第二高峰,其幽奥秀奇在诸峰中独领风骚。

不必说那久负盛名的由片状花岗岩构成的莲花瓣下的莲花洞,以及周围"莲花世界""屏镇西天""太乙莲台"等题刻荟萃,也不必说著名的云海奇景,仅雄伟秀丽的圣母宫及其传说就足以让游人流连忘返。

　　圣母宫又称翠云宫,是华山在十年动乱中完整保存下来的唯一一座庙宇。宫分前后两殿,上下两层。宫的周围全用条石砌成,附近古松参天,郁郁葱葱,阵风吹过,万顷松涛不绝于耳,疑似海宁大潮。后殿供奉三圣母塑像。宫院内西面有偏门,门外有一巨石,称为"斧劈石"。斧劈石下有一巨型人体模印,据说是当年三圣母被压在下面留下的。巨石旁还有一柄铁斧,据说是当年沉香"劈山救母"时用过的,上面还刻有十六个大字:"仙家宝斧,七尺有五,赐于沉香,劈山救母。"

　　"劈山救母"的故事在我国流传甚广,秦剧《劈山救母》、京剧《宝莲灯》都是根据这个故事改编的。其大意是一致的:扬州秀才刘彦昌在大比之年进京赴考，路过华阴，走进三圣母庙求签问前程，并求三圣母保佑金榜题名。三圣母是位年轻貌美的女子，对刘彦昌一见钟情，动了凡念，下界和刘彦昌结为良缘，还生了一个孩子，取名沉香。但三圣母的哥哥二郎神杨戬认为妹妹触犯家法，破坏天规，于是下界赶跑了刘彦昌，把妹妹压在华山莲花峰下。后来沉香长大后在灵台山投师辟雳大师学道，练就一身武艺，神通广大，法力无边。他从东海龙宫取来开天辟地的神斧一把，照准西峰劈下，救出了母亲，打败了二郎神。这时刘彦昌也弃官行医，全家终于大团圆。劈山救母是我国神话传说中的优秀篇章，反映了早期人们对婚姻自由的追求。

莲花峰上的每块岩石、每株虬松、每潭池水、每个洞穴，似乎都蕴藏着一个美丽的故事或传说。斧劈石北边还有一块条状巨石，就是华山有名的"摘星石"。站在"摘星石"上，真有"青天在握"之感。"摘星石"旁还有"舍身崖"，也叫"守身崖"，传说古代有一孝子为治父病从崖上跳下。后人认为跳下去未必真孝，身体不存，还怎么去孝敬父母？只有守身才能尽孝，所以改为"守身崖"。在靠近峰顶的一块花岗岩石上有一浅坑，长四尺，深三寸，像一大脚印，这就是华山有名的"巨灵足"，传说就是那个劈山放水的巨灵神留下的足迹。

对于这些神话传说，今天人们当然不会认真去考察其有无了，但古人有时却认真起来，认为那是荒唐不经的，不如去听松涛观风光畅快，如诗人王履在《巨灵迹》诗中就吟道："掌形虽谬是天成，足迹镌来益可憎。真忘恼人禁不得，步将林里听松声。"

"苍龙岭，金锁关，登山好比上青天。"过云台南行，"擦耳崖""上天梯""阎王砭""苍龙岭"，等等，一步更比一步险，一景更比一景奇。华山著名的"擦耳崖"一边是悬崖绝壁，一边是万丈深渊。当你从紧贴山腰的狭窄的羊肠小道上提心吊胆走过时，虽然不敢向脚下黝黑的深渊看一眼，但心里明白，稍有不慎将粉身碎骨。恐惧的心情使你把身子紧紧贴向悬崖绝壁一边，往往耳朵、脸上擦上青苔。所以有诗云："欲知悬径敧危甚，看我青苔一面痕。"令人叫绝的是"擦耳崖"上竟有无数题刻。大概是要把你的视线引向崖上书法，以减弱恐惧感吧。

自古华山一条路
奇绝天下第一山

雾绕苍龙岭

  苍龙岭是华山著名的险道之一，因岭呈苍黑色，势若游龙而得名。

刚过"擦耳崖",再绕过"卧牛石",怦然心跳尚未平息,忽然又有直立的石壁挡在前面。正当"山重水复疑无路"时,忽见一条铁链垂下,一条石阶直上云表。这里就是著名的"上天梯"。登上天梯,真好比上了天界,"日月崖""金天洞""三元洞""王母宫"等罗列眼前,可以缓解绷紧的心弦,细细欣赏,一一浏览。

奇怪的是天界竟和"阎王砭"紧紧相连。这里又是险境丛生,稍有不慎,可能从天界直接去见阎王。天界和地狱仅一步之遥。

穿过"阎王砭",走过汉武帝和唐玄宗亲临御驾的"御道",站在"救苦台"上,便可欣赏著名的"苍龙岭"了。岭脊青黑,盘旋蜿蜒,恰似一条苍龙腾飞在崇山峻岭之间。游人登华山主峰,必须从苍龙岭上爬过去。那是多么让人惊叹的一幕啊!两边是深谷,足有500多米,中间一条窄窄的龙脊供人爬行。只听两耳风声吼叫不绝,让人不敢侧视。庆幸的是苍龙默默卧在山岭之间,任人爬过。纵然如此,也有人半途而悔,痛哭失声;也有人强作镇静,狂笑不止;也有人故作豪放,长啸一声。生死关头,人常失态。岭上石崖"韩退之投书处"几个大字,就是明证。据说唐朝的大作家韩愈经过苍龙岭时,爬到中间,进退不能,遂放声大哭。将随身所带之物抛于岭下,写书与家人诀别。多亏华阴县令闻知,才上去把他接下来。后人游到此处,颇多感慨。有人在韩愈投书处又刻有:"苍龙岭观韩退之大哭辞家,赵文备百岁笑韩处。"清代李柏登华山至此,更作诗一首:"华之险,岭为要。韩老哭,赵老笑,一哭一笑传二妙。李柏不哭亦不笑,独立岭上但长啸。"

虽然后人对韩愈哭案颇有争议,也有人予以平反,但苍龙岭之险却是自古公认的。"半生始得惊人事,撒手苍龙背上行",过苍龙岭真要有撒手而去的决心。但即使在苍龙岭这样的险境,也有著名名胜供人观赏。苍龙岭上有一个不足丈许的小平台,叫"逸神岩",上面有许多历代石刻:"奇险灵秀""云海""亦可探珠""雄镇关中""飞虹",等等,堪称小型书法艺术展。游人在紧张的爬行中可稍缓一下神经。

如果身在险中不知险的话，那么当你爬过苍龙岭，登上气势宏伟的"金锁关"时，再回首北望，更感苍龙岭奇险。同时，清水徐来，汗颜消退，白云青松，如临仙境，深感"一入金镇关，另有一层天"。李白在《西岳云台歌送丹丘子》一诗中写道："西岳峥嵘何壮哉，黄河如丝天际来。"站在"金锁关"上，诗中情景便呈现在你面前。

"更无山与齐"

从朝阳峰往西南沿峰间曲径可直攀南峰，南峰又叫落雁峰，是华山诸峰中最高的，海拔 2160.5 米，高奇挺拔，孤峰突兀，绝壁千丈。站在峰顶四望，群峰尽在脚下，使人不禁想起宋代寇准的诗句："只有天在上，更无山与齐。举头红日近，回首白云低。"游人经艰难登攀至此，俯视泾、洛、渭河流如丝如毛，城镇山郭如凡如珠，昂视蓝天，如同将你融化一般，真有飘飘欲仙之感。

落雁峰上的名胜古迹很多，也是险中有奇，奇中有美。曾是华山诸峰中最壮丽宏伟的古代建筑"金天宫"就在落雁峰，是供奉华岳之神白帝的。白帝曾被唐玄宗封为"金天王"，所以称金天宫。在东侧几个馒头状山头之间的平台上，建有三间两进的建筑物，就是有名的华山"南天门"，又称"文昌宫"。南天门南边有一石台，三面悬空，就是历史上有名的"聚仙坪"，又称"升表台"。传说过去道士们经常在这里将祭神的"表"的碎片抛下谷中，只见群燕争相衔接，热闹非凡，蔚为壮观。升表台西侧是一大石洞，名为"朝元洞"，洞内高约 10 米，径为 5 米，圆形拱顶，壁洁如雪，凿工精巧。据说此洞是元代道士贺元希凿的，并在绝壁上镌刻了"全真岩"三个大字。朝元洞西边绝壁下面还有一个洞，据说是他居住之用，称为"贺老洞"。在当时的技术条件下能在前后左右都无法接近的悬崖绝壁上凿出这样的工程，足以让人惊叹。游人走到这里必须经过一条有名的险道——"长空栈道"，俗称"九节慑慑椽"。"长空栈道"开凿在南峰腰间，上下皆悬崖绝壁。据史书记载，当年于岩壁缝隙钉上一些铁木桩，然后再连接起来，上面铺上木板，宽不足一尺。在木板道上方石壁上再钉些铁环，连一条铁链。人走在木板道上，面向绝壁，脚踩悬空木板，手抓上面铁链，像螃蟹一样一步一步向前横行。大概无人敢上下左右而视，其险更甚于"鹞子翻身"。现在虽然进行了较大修建，仍为华山著名险境，游人行走其上总不免提心吊胆。据说"长空栈道"最初就是那个贺道士开凿的，他大概考虑人人视此为险道，就不会去打破他羽化成仙的梦境吧。

　　落雁峰绝顶还有一个小洞，其气魄外貌比不上贺老洞，更比不上朝元洞，但却历史悠久，资格最老。传说当年道教的鼻祖太上老君李耳，也就是老子，曾在这里住过，所以叫"老君洞"。所以这里纯阳宫遗址内还有一座太上老君的炼丹炉。

　　老子炼丹大概少不了水，所以这里还有一池清水，就是久负盛名的"仰天池"，也叫"太上泉"。池因人贵，太上老君是神人，池水自然也成为神水。历代文人墨客在池水四周的岩石上留下了密密麻麻的刻石,主要有"光天化日""太虚同游""顶天立地""同空万里""仙天外景""登临世界""沐浴日月",等等,字体不同,风格各异,堪称是一个难得的历代书法展。

　　老子当年是否到过华山绝顶已无从考证。在道教独占的华山,把其鼻祖的活动场所放在最高的位置,可能是出于教徒们的崇拜。

五岳独秀——衡山

望衡山

刘禹锡

东南倚盖卑，维岳资柱石。

前当祝融居，上拂朱鸟翮。

青冥结精气，磅礴宣地脉。

还闻肤寸阴，能致弥天泽。

衡山为我国五岳名山之一，位于湖南省衡阳市，以中华寿岳、五岳独秀称著于世。衡山群峰巍峨，气势磅礴，72峰逶迤800里，连接7个市、县。古木参天，花奇草异，曲径通幽，松涛云海，景色迷人。

中华寿岳万人仰

　　岣嵝峰坐落在衡阳北乡湘江之滨,山势雄伟,前人认为它是南岳的主峰,所以把禹王庙、嫘妃墓等修在它的峰顶上。被称为南岳四绝之一的禹王碑就矗立在禹王庙旁边。

　　禹王碑高 1 丈,宽 7 尺,用密实的青石制成,正面刻有几十个稀奇古怪的文字,像一个个小蝌蚪,被称为"蝌蚪文"。碑的背面刻着一个大大的"寿"字,是很有力道的行书。古往今来,碑因人立,人因碑传,更增添了它浓厚的神话传奇色彩,过去人们一直把它当成神物供奉,四时八节香火不绝,所以世人称之为"神禹碑"。

神禹碑上那些蝌蚪文的内容是什么呢？历代考古学者意见不一，至今也没人能完整地释读出来。神禹碑又是什么人什么时代所立？也不太清楚。但至少唐代已屹立在岣嵝峰上。唐代大文学家韩愈曾在南岳寻访过神禹碑。他在一首诗中写道："岣嵝山尖神禹碑，字青石赤形模奇。科斗拳身薤叶披，鸾飘凤泊拿虎螭。（《岣嵝山》）"到宋代，著名女词人李清照的丈夫赵明诚是考察研究金石的，他在研究中怀疑原碑已丢失，这是后人仿制的。在碑下的石坡上，至今还有一行大字："丙辰三年至此寻访禹碑古迹未获而去"，这些字是赵明诚留下的。这说明至少在唐代神禹碑就已经很有名气了。

站在这古老而神秘的神禹碑前，你自然还会问，重达7000多千克的石碑是怎样搬上雄险挺拔的岣嵝峰的呢？传说是由一个老和尚用锡杖在碑的上端捅了两个窟窿，用锡杖穿着石碑驮上来的。这当然是只神话。把巨大的石碑运上山峰，反映了我国古代人民的智慧、才能和对英雄的崇拜。

相传远古时代，天下洪水泛滥，百姓流离失所，死伤无数。舜帝命令禹接替父职治水。禹走遍九州，筑坝堵水，围堤救人，"七年闻乐不听，三过家门而不入"，但洪水仍然没有治理好。后来他在《皇帝中经》中发现一段话，大体内容是说在南岳山巅上有一册《金简玉书》，上面载有治水之策。于是禹来到南岳衡山，踏遍群峰，遍寻宝书。后来梦见玄夷苍水使者，经指点，他爬上南天门，终于在黄帝岩山峰上找到一块磐石。只见上面长着一株珊瑚状的大赤芝，红光闪闪，耀人眼目。禹喜出望外，撬开岩石，果然找到了用银丝编织起来的《金简玉书》。后来，这座山峰就叫"金简峰"。

禹拜读宝书，受到启发，改用疏导的方法治理洪水，终于"披九山，通九泽，决九河，定九州"，百川归海，洪水消退，人民安居乐业。舜帝死后，禹被推举为我国第一个朝代——夏朝的帝王。

千百年来，神禹碑历经沧桑，仍然屹立在高山之巅。站在碑前，远处苍山林海，蓝天碧水浑然一片。虽然时代久远，碑文模糊，但炎黄子孙都会永远崇敬他们的祖先——禹王。

佛教文化传海外

雄伟的南岳大庙

被称为南岳八绝之一的雄伟的南岳大庙就坐落在湖南衡阳市南岳镇。南岳大庙是中国江南最大的古建筑群，有"江南第一庙""南国故宫"之称，始建于唐，历经宋、元、明、清朝各代六次大火和十六次重新扩建。它前临北街，后枕赤帝峰，左右有络丝潭水环绕，间或有青松挺拔，绿竹摇曳，环境极其幽美秀丽。

南岳大庙总面积共 10 平方米，是南岳最大的宫殿式古代建筑群。远远望去，四周有红墙围绕，并建有角楼，像古代庄园。进入围墙，主体建筑共分九进。第一进是棂星门，为花岗岩条石砌垒的牌坊，左右各有一口方池，边围石栏，中筑石台，小巧玲珑。第二进是奎星阁，俗称盘龙亭，因二层戏台藻井内有一木雕盘龙而得名。阁的下层还有横直相交的两石划，台下洞门中镌有唐代文学家韩愈写的那首著名的诗——《谒衡岳庙遂宿岳寺题门楼》。这首诗是韩愈结束两年"缧囚"生活后，于公元 805 年初秋告别南岳前夕，夜不能寐，回顾畅游南岳，开云放雾的情景，联想自己的抱负未能实现，前途未卜，提笔写在寺庙的墙壁上的。他回到朝廷后不久，又被宪宗贬到潮州。苏东坡说韩愈：

南岳庙图　清

衡山不仅自然风光秀丽多姿，而且宗教文化源远流长，是我国唯一佛道两教并存的名山。有形似故宫的岳庙，有为"六朝古刹、七祖道场"的福严寺，还有日本曹洞宗视为祖庭的南台寺和道家称为二十二福地的光天观。

"精诚能开衡山之云,而不能回宪宗之惑。"所以,历史上留下了韩愈"精诚开云"的典故。附近钟鼓亭里有一铁钟,重4500千克,为元代铸造。虽然上面已锈迹斑斑,但每逢山洪暴发,鸣钟镇洪,附近5000千米内都能听到。

第三进是正川门,左右为东西川门,东川门东面为玄德宗门,内有四观一殿。西川门西面为六寺同门,有忠靖王殿、关圣殿和观音阁等。第四进是御碑亭,内有一石碑竖在一巨大石龟上,据说石龟有近20000千克。石碑上雕有图案,生动传神,是清代作品,为纪念重修南岳大庙而制作。第五进是嘉应门,是古代地方官迎接御史官来祭岳神的场所。第六进是御书楼,这里为历代藏书处,碑石题刻很多。第七进是南岳最高最大的殿宇,木石结构,上檐施如意斗拱,檐下和阶沿装饰着各色各样石木雕刻,享有盛名。屋顶为彩色琉璃瓦,远看如同北京故宫,金碧辉煌。这就是南岳圣帝大殿,供奉南岳炎帝。

南岳圣帝大殿始建于唐开元十三年(公元725年),后经六次重修。现在的建筑成于清光绪八年(公元1882年)。其中大殿里外的72根柱子为1923年用石柱代替木柱,每根石柱重近1.5千克。据说72根石柱象征着南岳的72座山峰。72峰中最高的为祝融峰,海拔1290米。围绕祝融峰的71峰散布在衡阳、衡山、衡东、长沙和湘潭等县,方圆400千米。历代文人有把南岳72峰比作"朱鸟展翅"之说。

南岳大庙第八进是寝宫殿,建于北宋大中祥符五年(公元1012年)。第九进,也是最后一进,即正北门,东为注生宫,西为辖神祠。另外,大庙的东西回廊各有庑房50多间,格调别致,是有很高的历史价值和艺术价值的建筑珍品。

磨镜台的传说

从半山亭左拐不久便来到久负盛名的磨镜台。这里距南岳镇7千米,站在马祖庵遗址远眺,南岳镇景色尽收眼底。四周各种松树环绕,一年四季常青。南岳松树不但有名,而且品种繁多,有油松、罗汉松、金钱松、黄山松、华山松、黑松和马尾松等十几个品种。每当盛夏,游人常在此小憩，一边听松涛鸟鸣，一边想象怀让磨镜的故事，令人忘却尘世的繁忙，心神升华，如临仙境一般。

　　在磨镜台左边路旁有一块不大的磐石，上边镌有"祖源"二字。据说这里就是唐代名僧怀让磨镜斗法的所在地。唐玄宗开元年间，禅宗北宗僧人道一来到这里结庐为庵，坐禅修炼。当时南宗僧人怀让已在此建观音庵聚徒说法，宣扬"顿悟法门"，南宗宗风大振。他决定收服道一，改变北宗的修行方式。一天，他拿了一块厚厚的砖坐在道一打坐的对面，用力在岩石上磨起来。搅得道一心烦意乱，无法专心打坐，便生气地问怀让："你没完没了地磨砖干什么？"怀让见道一开口问话，很高兴，说："磨砖做镜呀。"道一听了觉得好笑，便说："磨砖怎能做镜？"怀让等的就是这句话，忙说："磨砖不能成镜，坐禅岂能成佛？"道一一听，若有所悟，忙向怀让拱拱手，说："请问大师，如何才能成佛？"怀让没从正面回答，反问道："车不行，是鞭车，还是鞭牛？"原来这正是怀让的"顿悟法门"。道一在怀让的说服下，受到启迪，终于归顺了南宗。从此，由于他弘扬禅宗南宗学说有功劳，便获得"江西马祖"的尊号。道一在南岳创建的草庵被称为"马祖庵"，可惜现今仅存遗址。

　　磨镜台后现存有七祖塔，系怀让墓，塔后有碑题"怀让路"，有206级石磴，称"天台阁"。磨镜台东边是著名的"半山亭"，中间虽仅一沟之隔，绕行却有四里之遥。

半山亭历史比较悠久,始建于齐梁年间(公元480～557年)。里面有宋徽宗赵佶御笔"天下名山"的匾额。这里不仅是南岳山水草木优美的风景区,有被风吹向一边倒的参天古松,有如丝竹管弦的岩壑流水,而且一草一木都有一段有趣的传说。就说半山亭和磨镜台之间的这条沟壑吧,据说就是道家有意制造的。佛门却是乐善好施,专修桥补路,成人之美,所以在半山亭修了个"省心亭",寓"吾日三省吾身"之意。至今,大门石柱上有一副楹联,吸引不少游人驻足观赏玩味。这副楹联上联是:"遵道而行但到半山须努力",下联是:"会心不远欲登绝顶莫辞劳",很有空门哲理味道。从南岳镇到祝融峰至此已行一半,抬头看到这副楹联,使你不会半途而废,还须努力攀登。

南岳第一古刹福严寺

在掷钵峰下有一座古色古香的保存完好的庙宇,就是被称为南岳第一古刹的福严寺。从半山亭往左沿着公路走半个小时左右就到了。

寺庙坐落在山坡上，前后都有高大的石岩，四周生长着茂密的竹林，有水竹、毛竹、方竹、刚竹、斑竹、金色竹、假毛竹、紫竹和罗汉竹等。此外，还有古老高大的松杉，遮天蔽日，红墙黄瓦的庙宇掩映在翠绿的树丛中。走近寺庙跟前，才看清山门上有一横额，上面有"天下法院"四个大字，两边刻有"六朝古刹"和"七祖道场"的竖联。

福严寺由慧思和尚创建于南朝陈光大二年（公元568年）。慧思是我国佛教天台宗的第二祖，他对《法华经》和《般若经》很有研究，在南方有很高声誉。朝鲜的玄光和尚曾到福严寺拜慧思和尚为师，学成后回国广为传播。在唐代日本僧人最澄来南岳学习天台宗，从此传入日本。福严寺在国际文化交流中做出过很大贡献。那时寺庙称为"般若寺"，大约在宋代才改为福严寺。

福严寺是南岳佛教五大丛林之一，规模较大。进山门后便是知客厅，是寺院接待宾客的地方。厅前石柱上有一副楹联，上联是"福严为南山第一古刹"，下联是"般若是老祖不二法门"，足见福严寺在佛教中的地位。寺内由岳神殿、莲池堂、右禅堂、云水堂、法堂、祖堂、斋堂、方丈室等殿堂，组成一完整和谐的古建筑群。

寺后有极高明台，上面有唐代宰相李泌书写的"极高明"三个雄劲有力的大字。旁边还有一大岩石，称为"慧思一生岩"。岩石一侧有"三生塔"，相传慧思和尚三生的尸体都埋葬在这里，宋代大诗人黄庭坚曾在这里参拜过，并留有题刻。

福严寺东边有一方形石井，井里泉水涌动，井旁石壁上刻有"虎跑泉"三个字。井旁还有一块碑石，上面刻有密密麻麻的碑文，记述了"虎跑泉"的来历。传说建寺之初和尚们吃水困难，有一天慧思和尚正在找水源，忽然遇见一只猛虎。猛虎不但没伤害他，反而用嘴衔着他的锡杖向寺后走去。慧思知道这是佛祖派猛虎来点化，果然在岩石下面找到了水源，解决了和尚们吃水的困难。更重要的是这个传说使慧思的威望大振，禅宗得到更广泛的传播。

福严寺周围过去还曾有十大景观,可惜今天已不复存在了。这十大景观是"上天狮子""主僧入光""一柱擎天""镜台流月""丹凤衔书""石竿垂钓""三僧共话""烟语飞花""金鸡衔栗"和"石鼎焚香"。但你也不必为此而惋惜,山门外还有两棵著名的古银杏树,足以让你流连忘返。左边那棵略细一些,但是两个成人也围不过来。据考察,这两棵银杏树已经在这里生长了1400多年,比寺庙的年龄还大。右边那棵树干上有9个伤疤,传说是受戒于慧思和尚。银杏又名鸭掌树、白果树,枝干对称,叶像纸扇,有极强的生命力。其中有一棵曾被雷电削去一大截,树干也被烧光,过了9年竟又枯木逢春,长出了郁郁葱葱的华盖似的树冠。

"天下法院"南台寺

南岳寺庙非常多,散布在七十二峰广大山区。但国外闻名的要算南台寺,这里经常有日本等国的国际友人前来游览和从事佛事活动。

南台寺位于南岳掷钵峰下的"三生塔"南面,过福严寺再走不足2000米就会看到一组雄伟壮丽的古建筑。寺院包括佛堂、关帝庙、禅堂、云水堂、庑房、山门等,规模较大。

南台寺也是一座古刹,历史悠久。远在1400多年前的南朝梁天监年间(公元502~519年),有个叫海印的禅师看到这里山清水秀,气候宜人,便创建了一座寺庙。到了唐朝天宝年间(公元742~755年)禅宗七祖弟子希迁和尚来南岳,也被这里的秀丽景色所吸引,决定把此寺开辟为传播佛教禅宗的道场,并定名为南台寺。宋朝乾道元年(公元1165年)有个叫无碍的和尚来这里礼佛,又进行重新修建。元、明等朝代都多次扩建,现在的建筑主要是清代修建的。

南台寺四周风景宜人,特别是各种古木翠竹、奇花异草使游人目不暇接。寺外林荫夹道更是清泉曲径、鸟语蝶舞。每年四月阳春,站在山坡远望,南岳的樱花像燃烧的火云,南台寺四周漫山盈谷,这就是有名的"樱花云"。樱花现在是日本的国花,日本被称为"樱花之国",但据说日本的樱花是从中国引进的。樱花最早生长在我国喜马拉雅山的南麓,后来开始在我国东北、江浙一带栽培,然后才东渡日本落户。日本樱花已发展到 300 多个品种,南岳樱花中许多品种就是从日本引进的,樱花又回"娘家"了。

不仅是樱花,而且南台寺的佛教也和日本佛教有很深的渊源。在南台寺一座僧塔上镌刻有"济洞同源"四个字,就是指日本佛教的"曹洞宗"和中国佛教"临济宗"是同一源,即同出慧能大师之源。

清朝末年日本梅晓和尚,自称是南岳希迁和尚的第 42 代法孙,专程来南台寺接连宗源,把南台寺尊为日本曹洞宗的祖庭。后来梅晓和尚从日本把《藏经》七百余卷护送到南台寺,存放于南台寺藏经殿,接经仪式相当隆重。这就是历史上的"梅晓赠经",为南岳佛教中一段美谈。在以后的岁月里,日本佛教徒经常组成"礼祖代表团"前来南台寺。

避暑胜地岳麓山

岳麓山是南岳 72 座山峰之一,坐落在有 2100 年历史的古老而年轻的城市长沙对岸,巍峨的湘江大桥像巨人伸开的两臂,一手握住长沙城,一手抓住岳麓山。

盛夏，长沙市里温度高达30多度，行人经常汗水淋淋，但一登上岳麓山，走过青枫峡，顿觉凉风习习，神清气爽。一路上，青枫树绿叶青翠，枝干挺拔，杨柳柔软的枝条随着微风飘荡，翠绿笔直的竹干直指蓝天，小溪泉水潺潺流淌，清澈见底。每逢假日，长沙人都愿意到这里避暑。

在山路拐弯处的石矶上有一座红柱飞檐的著名亭子，就是爱晚亭。亭子是清朝乾隆五十七年（公元1792年）罗典建立，原名红叶亭，又称爱枫亭。据说，因为每到金秋时节，四周枫叶变红，特别好看，所以起名红叶亭。那么，为什么又改名为爱晚亭呢？这里还有一段有趣的故事呢。亭子建成后不久，有一年秋天，清代著名诗人袁枚来游岳麓山，到岳麓山书院参见罗典。罗典是当时很有名望的大经学家，拒不接见袁枚。袁枚便来到红叶亭，当他看到红色的枫叶非常可爱，便想起了唐代大诗人杜牧的著名诗句："停车坐爱枫林晚"。他认为红叶亭名字起得太过于直白，不如叫爱晚亭更好。罗典知道他的提议后大加赞赏，并决定立即会见袁枚。爱晚亭在抗日战争中毁于战火，现在的爱晚亭是新中国成立后的第二年建造的。亭上悬挂着毛泽东亲笔题写的"爱晚亭"匾额。

从爱晚亭沿着台阶走上去就是古麓山寺。现仅存有一山门，上有"古麓山寺"横额，两旁有用隶书写的对联："汉魏最初名胜，湖湘第一道场"，说明这座古寺建筑年代是非常遥远的。大约建造于我国晋朝泰始四年（公元268年），距今已1700多年，在湖南的众多佛寺中是最古老的一座。隋朝开皇年间，天合智者大禅师在这里讲经说法的时候，经常高僧云集。在寺中至今遗留下一块著名的麓山寺碑，碑2.72米，宽1.32米，碑文共1400多字，文辞很美，字体也很美，是书法珍品。碑文是唐代大书法家李邕亲笔所书。

山门内有玉泉池，泉水清澈见底。玉泉上面是藏书阁，阁前有两株古老的罗汉松。其中一株是我国六朝时栽种的，即著名的"六朝松"。麓山古寺侧面是闻名遐迩的双鹤泉。泉水纯净，喝一口甘甜。传说喝了泉水可以延年益寿。古时候有一对仙鹤飞落在泉水之上，从此泉水中就一直留有一对鹤影,而且不但泉水中有,从泉水中任取一碗水中都有一对鹤影。因此人们便称此泉为"灵水"。宋代赵忭写了一首诗叙写此事:"灵脉本无源,因禽漱玉泉。自作流异禀,谁识洞中仙。"

双鹤泉下面是"鹤园",这里不但经常举办各种花展,而且设有茶厅,游人可以在这里用双鹤泉的"灵水"泡一碗"麓山云雾茶"。碗里虽然没有鹤影,但喝一口也会使你心怡神爽。

从这里可以直上岳麓山顶峰——灵麓峰。灵麓峰上古迹很多,最著名的要数"二十洞真虚福地宫",宫门有一副对联:"古刹出层霄看岳色千分湘流环绕,名山留胜迹有少陵写句北海题碑"。宫门外一棵古树上挂一飞来钟,宫后还有法华塔、禹王碑、舍利塔、蟒蛇洞、古岳麓书院等古迹。另外,还有辛亥革命志士黄兴、蔡锷等人的墓,经常有游人前来瞻仰。

高奇深秀赞四绝

南岳古木参天,历来是人们旅游、避暑的胜地。景区自然植物1200多种,9处原始森林,其中珍贵树种150多种,有东晋时代的银杏、明代的古松。步步是景,处处迷人,其中尤以祝融峰、水帘洞、方广寺、藏经殿为南岳四绝。

登临祝融绝顶

祝融峰为南岳最高峰,海拔1290米,是南岳"八绝"之首。南岳"八绝"是指祝融峰之高、方广寺之深、藏经殿之秀、水帘洞之奇、磨镜台之幽、试心石之险、大禹碑之古和南岳庙之雄。祝融峰虽高,但在山下的南岳镇却看不清它的雄姿伟躯,游人有"行尽千山与万山,衡山更在碧云间"的感觉,只有登上云缠雾绕的南天门,才能看清祝融峰的真实面貌。所以登临祝融峰,南天门不仅是必经之路,也是观赏祝融峰远景的最好眺台。

过了郇侯书院即到南天门。这里还有三大绝景。一是雾波云浪，每当雨过天晴从后山深壑中升腾起来的雾波云浪，经过南天门山脊直泻到山脚，远远看去宛如银河飞瀑，甚是壮观。二是飞来船，在祖师殿遗址附近有一卧龙石，形状像一条船，每当行云驶过，如同船在海波上漂行，所以叫飞来船。三是狮子岩，有一巨石，其形状如同一只伏卧的雄狮，镇守在通往绝顶的小路上。

当登临祝融绝顶后，游人顿觉眼界开阔，心情豁达。俯望湘水九曲八弯，若隐若现，如同龙蛇穿云破雾，藏头露尾。五岭诸山如同小小泥球，在脚下滚动。对此景此情，历代文人作家写了大量诗歌文章抒发胸臆，其中宋代著名文学家黄庭坚写的《祝融峰》最有代表性："万丈祝融插紫霄，路当穷处驾仙桥。上观碧落星辰近，下视红尘世界遥。螺簇山低青点点，线拖水远绿迢迢。当门老桧枝难长，绝顶寒松叶不凋。"

祝融峰上有一座祝融殿,规模不大,明万历年间建祠,清乾隆十六年改祠为殿。殿上有"圣德重华"四个大字的楣额,纪念上古祝融氏的德政。传说我国古代黄河流域有一个很有名的部落联盟首领——黄帝,也就是被称为中华民族祖先的第一位贤君,他身边有一个很有才干的大臣祝融氏。因为他善于以德育人,以乐感人,以火施化,黄帝任命他为"火正"官,主管火务。又因为他熟悉南方情况,又被委以"司徒"的重任,主管南方事务。由于他经常以衡山为"栖息之所",并祭过南岳,他死后人们把他葬于衡山最高峰,称他为赤帝。这座山峰也以他的名字命名,以示人们对他德政的怀念。

人们一般只知道祝融峰观日出时的奇景,却很少知道望月时的美妙。祝融殿后边有一望月台,每当万籁俱寂,皓月当空,"人间朗魄已落尽,此地清光犹未低"(孙应鳌诗),美极了。旁边巉岩上的历代题刻更增添了幽古氛围,什么"天根月窟""乾坤胜览""惟我最高,尊峙寰中",等等。

人称衡山是"五岳独秀",祝融峰是秀中之秀。无怪乎连小鸟也被祝融峰的美景所吸引。传说很久以前,一群小鸟衔着金色的茶籽飞往花果山去播种。当它们飞过祝融峰时,看到如此美丽的风光便高兴地唱起歌来,没想到却把金色的茶籽掉到祝融峰下的毗卢洞一带。从此,毗卢洞一带山谷中长出一片翠绿的茶树。这就是"毗卢洞云雾茶"的来历。毗卢洞云雾茶闻名天下,过去一直是皇帝专享的贡品,今天即使在祝融峰绝顶上也可以喝到毗卢云雾茶。泡开后片片尖子朝上,两个叶瓣斜展如旗,香气浓郁,喝一口沁人心脾。南岳衡山山美水美茶也美。

水帘洞奇观

从南岳镇出发沿着山间崎岖弯曲的小径,向东北约行七八里便到了南岳奇景水帘洞。水帘洞的左右前后是紫盖峰、香炉峰和吐雾峰。吐雾峰常常有一缕缕雾气从山谷中升起,像喷吐出的白色云雾。"衡岳烟云"是南岳一大奇观,素有"七分山水三分云"之说,可见云雾在南岳风光中所占的位置。

　　溪水从紫盖峰分几股流泻而下，汇聚于水帘洞。洞宽虽然只有两丈多，但却深不可测。据说此洞与广东罗浮相通，称为道家第三洞天，古称朱陵洞。溪水再从洞中溢出，顺崖壁垂泻而下，形成二十余丈高的飞瀑奇观。更奇的是飞泻而下的瀑布在中途被石磴撞击后，被激成抛物状，喷珠跳玉，当阳光斜射时，银光夺目，飞光流彩，壮观无比，远看恰似在翠绿的背景上垂下一挂用白色玉珠穿成的门帘。

　　水帘洞历来被认为是南岳风景的四绝之一，有"水帘洞之奇"的说法。《南岳志》一书中写道："南岳七十二峰无弗泉者，惟水帘瀑布，为南中绝胜处。庐山之瀑奇而肆，天台之瀑高而寒，雁岩之瀑遒而峭，而水帘之瀑兼而有之。"历代文人墨客多有题咏，附近石壁上还清晰地镌刻着："南岳第一泉""朱陵洞天""夏雪晴雷"等，更增添了水帘洞的历史神秘感。

　　水帘洞风光之美使很多历史人物在这里流连忘返。最著名的要算四川学者章誉，他不爱权柄爱山水，竟坐在岩石上一边赏景一边自斟自饮，直至大醉，昏昏然睡过去。等他醒来已残阳西照，他乘兴在岩石上刻了四个大字："冲退醉石"。明代神宗皇帝屡次召见他，想让他入京做官，他都不愿离开这里。没办法，皇帝只好赐号"冲退居士"。现在石壁上

"冲退醉石"四个大字还清晰可见。后人写诗记此事道："水帘洞前一片石，留与他人醉后眠。珍重向人书四字，风云重护鬼人怜。斯人胸次阔如何，石上留书便出尘。只凭春风明月夜，此间真有醉仙人。"

传说上古时神农氏尝百草就到过这里。水帘洞周围奇花异草非常多，其中"万年松"和"千年竹"两种草异常奇特。这两种草虽有一个大树的名字，其实却是两种非常矮的长在岩石缝隙中的小草。如果你把它们做成书签夹在书本里，过个十年八载再拿出来浸入水中或埋入土里，它们仍然能继续发芽生长，你说神奇不神奇？

在水帘洞左岸石壁上的"水帘洞"三个字虽然字体平平，但其旁边"云门吼瀑"四个篆刻大字却颇有新意，是唐人所刻。旁边还有一座祠庙，祠畔又有一亭，祠叫"龙神祠"，亭称"雪浪亭"，也都很有诗情画意，为水帘洞增色不少。

"四绝"之一的方广寺

方广寺以其"深"被誉为"南岳四绝"之一，游过的人都认为这个评说恰如其分。方广寺位于南天门南边约 5 千米的莲花峰下，寺周围共有 8 座秀丽的山峰环绕，峰呈莲花状，方广寺就是莲花的蕊。正如一首诗所描绘的："寺在莲花里，群峰附花叶。"

过去这里佛事兴盛，香火不断。特别是南岳十八高僧之一的慧海和尚以此为道场弘扬佛法以后，这里便闻名遐迩。

这座古刹始建于南朝梁天监二年（公元 503 年），距今已 1400 多年。历经隋、唐、宋、元各朝，屡次毁于战火，又屡次重建。现在的建筑基本上是明代洁空和尚重建的，明代崇祯时，堵允锡和王夫之等又再次扩建。

由于方广寺历史悠久，又和南方佛事关系密切，古迹很多。游人出方广寺正殿，首先看见的是在陡峭的石磴上有一座小巧的祖师堂。寺前有一清澈见底的小溪，溪旁有飞来钟，有慧海和尚的补衲台和洗衲台。虽然台已不存，但石刻还清晰可辨。张博读书处的"啸台"和谭元春书写的"恋响"等字仍然刻在岩石上。据说方广寺所在的这块小平地是五条龙为乞求慧海和尚的点化而献出的一份厚礼。由于这个故事,方广寺更是名声大振。岩石上至今还留有宋徽宗御笔亲书的题刻:海南龙湫。

明末清初的唯物主义哲学家王夫之曾避兵隐于方广寺20多年,直到1648年在此举兵抗清。在此期间著有《莲花峰志》五卷。可惜王夫之当年住的房屋已不复存在。在方广寺右侧,有一座两贤祠,祠内有嘉会堂、雪霁堂和万玉堂等。南宋理学家朱熹、张栻和林用中曾于宋乾道三年(公元1167年)秋到此游览,用7天7夜互相唱答,共写出149首诗,传为南岳佳话。两贤祠就是为纪念朱熹和张栻的。

方广寺不仅古迹多,而且周围风景秀丽幽雅,山泉、岩石、树木、地形地貌俱佳,是不可兼备的胜景。寺上方狮子山麓有一块较平整的山地,在青山对峙中间树林茂密,多为枫杉。无论炎夏酷暑,置身林中,顿觉十分清爽,是避暑宝地。密林中有一石洞,洞宽2丈,长不足10丈,清清的泉水从上面滑过,摺叠成瀑布,注入深潭之中,发出铿锵之声,如铜钟常鸣。泉水又从潭中溢出,流至寺前被一岩石分为两股,岩石形状如同一艘船,上面有很多历代文人题刻。

沿着溪流的两岸生长着许多珍奇稀有的树木,如横豆杉、银雀、婆罗和香果等。其中有一棵著名的大婆罗树,高达十几米,粗达2米多,生长在岩上的石罅中,已有几百年树龄。传说佛祖释迦牟尼就是在婆罗树下"寂灭"的,所以此树被称为佛门三宝之一。清康熙皇帝曾写过一首《婆罗树歌》。

树下有一婆罗泉,泉水清冽甘甜。僧人以打通关节的竹子当水管,把泉水直接引入僧厨,很有山野风味。离寺不远处就是黑沙潭、白沙潭、黄沙潭、化龙池、水帘洞,传说就是那求佛的五条龙修成正果后的居住之所。

秀丽古老的藏经殿

"藏经殿之秀"被列为南岳四绝之一,到此游过的人无不感到名副其实。这里林密谷幽,四季皆春,景色绚丽多彩。藏经殿金黄色的琉璃瓦和红色围墙,在阳光照射下,富丽堂皇,古色古香。

藏经殿正殿中部神龛的莲花台上,供奉的是毗卢遮那佛像,其中最高一尊重290千克,全身烫金,是1980年泰国华裔彰任偕所赠。神龛前的香案四脚雕有独脚饕餮,案边雕有双龙戏珠,厢版雕有古代神话故事。正殿神座下正面和两侧也是汉白玉石雕,正面是"福禄寿"三星,两侧是双凤朝阳。这些木雕、石雕雕艺精湛,形象逼真传神,是宝贵的艺术品。

藏经殿历史悠久,始建于南朝陈光大二年(公元568年),为佛教天台宗三世慧思禅师创建。当时称"大般若禅林",后明代太祖朱元璋所赐大藏经存放于此而更名为"藏经殿"。明代万历年间被大火烧毁,重新修复后改名"普光寺",以后又因为坐落在祥光峰下,改名为"祥光寺"。现存庙宇建筑基本上是 1936 年所建,仍沿用藏经殿旧名。

据说南北朝时陈后主的妃子为了避兵乱曾在这里拜慧思和尚为师,每天听经念佛坐禅。后来兵乱平息,皇帝召她入宫。她感到这里风光山水很美,自己也红颜已退,不愿再回皇宫。于是对皇帝派来的大臣说:"等我容颜如初再回宫吧。"本来是托辞,没想到在寺旁一个池塘里洗了澡后,居然返老还童,恢复了旧日红颜。现在在殿前有一梳妆亭,亭旁有一圆形池塘——美容泉,传说就是当年陈妃洗身还俗的池塘。

藏经殿四周风光幽美,奇花异草,珍树怪木,比比皆是,让人流连忘返。这里的充满传奇神话色彩的"摇钱树",同这里的"同根生"和"连理枝"一样,闻名遐迩。"摇钱树"学名金钱柳,树干不高,每到秋天,那金黄色的果实,像一串串古铜钱从枝头垂挂下来。传说很久以前,一个姓钟的樵夫和老母相依为命,清苦度日。后来一个神仙给他一粒金色的种子,三年后长成一棵摇钱树。他把摇下来的钱分给穷苦的老百姓。这件事被地主知道了,硬把摇钱树挖栽到自己的院子里。但从此摇下来的就不是铜钱,而是黑色的果子了。"同根生"是指在同一棵树的根部长出两种不同品种的树来。一株叫青桐树,一株叫山毛榉,好像连体婴儿。"连理枝"学名叫短柄青桐,它的一个分枝已经长出了一节,但却弯回去又和树体结合在一起,像一个茶壶把长在树干上。这三棵树被称为南岳三奇树。

殿后还有一株有 500 多年历史的大白玉兰,高达 3 丈,当初春花期时,上千朵玉兰花盛开,远看好像白皑皑的大雪压在枝头,被称为"玉兰雪"。在长达两个多月的花期中,浓郁的玉兰花香随风飘荡,附近空气香甜得沁人心脾。再听莺啼百啭,燕语呢喃,流水淙淙,藏经殿真是人间仙境,难怪陈妃不愿再回皇宫。

绝塞名山——恒山

登恒山

汪承爵

云中天下脊，尤见此山尊。

八水皆南汇，群峰尽北蹲。

仙台临日迥，风窟护云屯。

剩有搜奇兴，空怜前路昏。

　　恒山又名常山、太恒山，与东岳泰山、西岳华山、南岳衡山、中岳嵩山并称"五岳"，自古闻名于世。

　　恒山山脉位于山西省北部和河北省西北部，绵延250余千米，号称一百零八峰，主峰在山西省浑源县城南，海拔2017米，气势雄伟，称为"绝塞名山"。恒山以其位居北方，古人认为是万物所伏，为恒常之所，故名恒山。

高峻宏伟的朝殿

沿着纤秀长曲的盘山小径走不远,便看到一座单檐歇山屋宇式山门,朱门铜钉,绿瓦红墙,兀立眼前。这便是朝殿的山门。

跨进山门是陡若天梯的石阶。古人传说只有心诚者才能数得清石阶有多少级。其实,由于石阶险陡,使游人不敢昂视,攀登时又要以手足踞地,匍匐而上,提心吊胆,万分小心,谁还敢分心去数多少石级?

石阶两旁立有龙虎二殿,更增添了石阶的威严、宏大。庙前石阶尚如此,庙堂可想而知。这石阶好比做文章的铺垫,经这么一渲染,主题更鲜明。

朝殿又叫北岳庙,是恒山众多庙宇中最高峻宏伟的一座。恒山主峰天峰岭就在庙宇后侧约二里处,从三清殿遗址有一条小径可直通峰顶。登上天峰岭,举目四望,顿觉豁然开朗,山川河流,长城雄关,桑陌路田,尽收眼底。

朝殿当中楣额上悬挂着一块大匾,上题"贞元之殿"4个大字,前楹6根明柱,上有两副长长的对联,上联是:"恒岳万古障中原惟我圣朝归马牧羊教化已隆三百载";下联为:"文昌六星联北斗是真人才雕龙绣虎光芒雄射九重天"。大概仅比昆明大观楼天下第一长联少几个字。另外还有康熙二十四年重修恒山庙时的碑记、明新贮道人藏经记碑、清代御祭恒山文碑等。这些碑文都是研究恒山历史及文物的宝贵资料。

朝殿廊前还有一座恒山真迹图碑,即恒山全景图碑,罩在一精制的木橱内,是一件极有价值的历史文物。北岳真君坐像位于殿堂正中的神龛里,也是一件极佳的塑造工艺品。

朝殿建于明弘治年间(约公元1501年左右),整座建筑依山而建,极尽天巧。它建成后曾引起文人游客的高度赞赏,大旅行家徐霞客到这里看到朝殿"上负绝壁,下临宫廨",大加赞叹。明代杨述程也写诗赞道:"峰回万仞绕仙岭,宫殿崔嵬累榭临。"

围绕朝殿还有众多景点。附近悬崖峭壁上就有众多的历代刻石,经常有大批游客驻足观看。历史最久的为金代所刻的"天地大观"4个大字,其他多为明清刻石,如"灵峰耸秀""壁立万仞"等,其中不少刻石是罕见的艺术珍品。

　　朝殿西南方,依山就势建有龙王庙、灵官府、关帝庙、文昌庙、奶奶庙、纯阳宫、碧霞观、十玉殿等庙宇。南面还有马神殿、紫微宫、官亭、白虎观等殿堂。这些庙宇小巧玲珑,星罗棋布在绿树青峰之间,阳光下闪出红墙亮瓦。

　　朝殿不仅以其古迹、建筑文物吸引中外游人,更有三处奇观被人称绝。一是"金鸡报晓处"。在塑有历代仙道泥像的会仙府下有一巨大青石,只要以石敲击,便发出雄鸡报晓之声。二是山壁上有一株奇形怪状的古松,好像一条飞腾的苍龙,虬枝直伸到朝殿的中脊,被当地人称为"木龙"。三是白虎观内并列两眼水井,一眼叫"潜龙泉",一眼叫"玄武井"。两井虽隔咫尺,却一眼水腥咸苦涩,一眼水甘甜如饴。不信?可当场喝一口尝尝。

层层叠叠悬绝壁

名山寺庙多，但寺庙不是盖在山脚，就是筑于峰顶，间或也有选择山峪小坪的，唯有恒山悬空寺与众不同，建在半空中。

站在石门谷口向翠屏山的绿崖翠壁望去，只见数不清的楼阁殿堂亭台鳞次栉比，错落有致，凌空欲飞。特别是恒山云雾缭绕时，翠屏山及对面的天峰岭都被包围在白色云雾之中，悬空寺若隐若现，忽上忽下，宛如蓬莱海上的海市蜃楼。古代诗人郑洛游览后在诗中写道："石壁何年结梵宫，悬崖细路小溪通。山川缭绕苍冥外，殿宇参差碧落中。"

悬空寺悬楼

悬空寺悬楼为一组重檐和单檐的多层土木混合结构建筑，这组建筑劈山而建，全部的建筑由南向北一字排开，逐层增高，远远望去，犹如挂在绝壁上一样。

悬空寺是虚无缥缈的,也是实实在在的。沿着石壁上窄窄的石阶攀登大约500米便进入寺院的大门。大门坐北朝南,门内建二层楼的正室,上层楼是如来殿、太乙殿和关帝殿,下层是佛堂,时有善男信女在这里祈祷。正室院内一南一北有两座如钟鼓楼的危楼,与上层联袂比肩各起一楼,为耳阁。两楼相对而立,玲珑剔透。北楼往北在石壁上凿岩为孔,插木为基,依岩而建三层三檐九脊瓦顶的悬空楼阁两座,内设释迦殿、三官殿、纯阳宫、观音殿,还有佛、道、儒三合一的大殿。反映恒山与泰山一样,各教在这里汇流并存。两楼之间又修有栈道相连,栈道上又建有重檐式楼阁两层。

悬空寺木廊

悬空寺木廊是全木结构的,它贴着绝壁而建,下用木柱支撑,整个建筑十分奇绝,令人叹为观止。

在有限的地面上大小共建殿阁 40 余座，像堆积木一样架在一起。整个建筑用栈道、木梯、回廊、洞窟等互相连接，浑然一体。建造难度大，造型奇险，构思玄妙，确实是巧夺天工的建筑艺术珍品！

寺内的雕塑也很精彩，有很高的艺术价值。"释迦"泥塑具有唐代风格，是悬空寺中泥塑中的代表作。韦驮铁铸塑像是明代作风，工艺精细，是寺中铜铁制品中的上品。石壁佛像浮雕，栩栩如生，更是我国少见的古代石雕。

据《恒山志》记载，悬空寺最早建于北魏后期（约公元 471～523 年），距今天已经有 1400 多年。传说古时候有一位仙人云游到这里，对人们说如果在金龙峡谷峭岩上建一座空中寺院，就能锁住蛟龙，消除水患。可是那奇妙的悬空寺在那里挺立了一千多年，唐峪河依然恣意横行。直到 1962 年恒山水库修成，才彻底解除了水患，悬空寺也成为人们游览的胜地。现在人们所看到的悬空寺建筑，基本上是明清时重修后的建筑。

早晨，当你站在悬空寺最高处，脚下经常是云飘雾涌，好像置身大海中一样。当你再想想，偌大的寺院竟是靠几十根木棒吊悬在空中时，正如一首民谣形容的那样："悬空寺，半天高，三根马尾空中吊。"你也许会头晕目眩，胆战心惊，不敢久立。但游人却都想站在此处俯视一番，这也许正是悬空寺给人的独特美感吧。

恒岳岩峦叠万重

从大字湾到虎风口

从大字湾到虎风口是恒山险要地段。这里沟深山陡，悬石断崖，游人攀登这样的山路，即使天寒地冻，也会汗流浃背。

过了"停旨岭"，绕过真武庙，沿着曲曲折折的山间崎岖小路西行，首先是一座刀劈斧剁的高大峭岩出现在游人面前。峭壁旁边的山湾就是著名的"大字湾"。因为在峭壁的中间有一块巨大的岩石就像经过鬼斧神工雕琢过一般，光平如镜，上面赫然镌着"恒宗"两个巨大的字。字高约20米，看上去就像巨大无比的字匾，悬挂在顶天立地的石壁之上。

这两个大字据说是明代成化年间所刻。在当时的技术条件下，在如此陡峭的石壁上雕刻这样的大字，实在是艰难的工程。两个大字字体雄浑，劲道有力，深深刻在坚硬的岩石上，很有气魄，非宏伟高大的恒岳不配。

从大字湾再往上攀登，山径更加崎岖难行。最后，逐渐地由小径变成石阶，游人须一步一阶地往上爬行。上面云雾迷漫，看不清山顶，白纱似的云雾在身边飘荡，真像一步步向天宫攀登。这一段险途被称为"步云路"。

"步云路"是北岳著名景点，历代诗人都有描写它的诗词。明代诗人杨述程的《步云路》诗很具代表性，形象地描绘了"步云路"的特色和诗人当时的感觉："万仞峰尖插紫霄，来游步步觉山高。飞仙云外舒长啸，远指天香袭锦袍。"

一过"步云路"立刻峰回路转，山势突变：右边是高入云霄的悬崖陡壁，左边是深不可测的沟壑，中间一线小径。这里是恒山的险要之地。岩石上镌刻着"虎风口"三个大字。站在此处好像有虎啸之声随寒风传来，令人不寒而栗。如果在这里埋伏下少数部队，虽有千军万马也休想过去。

虎风口周围山坡上长满了松树，游人经常站在这里观赏古松奇景。传说很久以前这里只有一棵松树，恒山道人有一天要出去云游四海，便把一个聚宝盆埋在这棵松树底下。可是等他再回到恒山时，却发现满山遍野都长满了松树，聚宝盆再也无法找到了。

舍身崖

舍身崖位于果老岭东侧。果老就是神话传说中的"八仙过海，各显神通"中的那个倒骑毛驴的张果老。传说他当年是从果老岭骑驴上了天界，那上面弯弯曲曲石板路上留下的零零散散的小石坑，是那仙驴留下的蹄印。

其实舍身崖比果老岭更雄伟壮观。万仞险峰直插云霄，从山岭下边翘首仰望，只见古松摩云，危崖欲倾，云绕雾缠，诡奇万状。每当夕阳西照，一抹金红色阳光镀在险峰怪石上，异光奇彩，灿烂辉煌，令人赞叹不已，成为恒山著名一景。舍身崖因此又称"夕阳岩"。

据说站在舍身崖上有时会听到百灵鸟和找姑鸟凄凉的叫声，让人想起关于舍身崖的一段悲壮动人的故事。

很久以前浑源城里住着一户人家，家里有一年迈的老母患病在床，美丽善良的姑娘和嫂子一起上恒山为老母采药治病。恒山自古盛产中草药材，什么山丹、黄芩、石竹、防风、车前、白芷、百合、荆芥、益母、羌活等等不下百十种。《神农本草》中就记载："恒山有草名神护，置之门上，每夜叱人。"姑嫂二人爬上恒山，在一片松林里却遇上了一只饿狼向她俩扑来。正在万分紧急的关头，一个青年后生拼命把狼赶跑。姑嫂二人非常感谢小伙子的救命之恩，言谈中得知这青年是恒山修庙的画匠。姑娘见他容貌英俊，言谈举止又文静又老实，便产生了爱慕之情。在好心的嫂子的帮助下，姑娘便和画匠定了终身。

谁知好事多磨，浑源县令的公子也看中了这个姑娘，并要仗势强娶。姑娘听说后，连夜逃上恒山去寻找那个修庙的画匠。贤慧的嫂子怕姑娘出事，也紧随其后，在暗中保护她。画匠没找到，县令公子率领着家丁追了上来，姑娘万般无奈，宁可玉碎不愿瓦全，一咬牙便从山顶上跳了下去。嫂子一把没抓住，也跟着坠入万丈深渊。

姑嫂二人的行为感动了北岳神灵，施展神法，使姑娘化为百灵鸟，整天在山林里鸣叫，以求找到她的未婚夫。嫂子便变为找姑鸟。姑娘跳下的石崖就叫"舍身崖"。现在，据说游人站在这里还常常听到百灵鸟和找姑鸟凄凉的叫声，好像在向人们诉说着舍身崖的来历。

千古要塞金龙峡

唐代诗人贾岛在一首诗中写道："天地有五岳,恒山居其北。岩峦叠万重,诡怪浩难测。"恒山位于塞北高原,南临晋地,北控朔方,地险山雄,为历代兵家要塞。

如果说在五岳中恒山以险要绝塞称雄,那么恒山脚下的金龙峡就是险中之险,绝中之绝了。金龙峡是浑(源)灵(邱)公路的必经之路,从北至南峡谷长约 1500 米,是历代交通、战略要地。自从魏孝文帝开辟灵邱道后,这里就是西北高原通向华北平原的必经之地,被称为"峙中华之坊表,巩神京之翊卫"的重要通道。金龙峡最窄处仅 10 米左右,仰首只见一线蓝天,两边山峰直上直下,巨岩压顶,令人透不过气来。别说伏下千军万马,就是两崖顶守卫几百个老百姓,多少兵马也休想通过,真正是"一夫当关,万夫莫开"。据说当年"杨家将"就在这里率兵扼守住峡谷,以抗拒辽兵南侵。至今,当地还广泛流传着关于杨家将的故事。

金龙峡山高谷深,两岸壁立,中间唐峡河集恒山之水,自峡谷南边往北穿峡而过。平日谷底风平浪静,小河流水,清澈见底,秀丽恬静。但到雨季河水猛涨,浊浪奔腾,真正是一条奔驰北去的金龙,一泻而不可阻挡。

峡谷从北往南,过了金龙口就是石门峪口,地势越来越险要。在悬崖上可见一排石孔和残留的木棍,经过长期风雨腐蚀冲刷仍然依稀可见。这是当年闻名于世的"云阁虹桥"遗址。据说北魏时,在东岸悬崖的半山腰里筑有栈道,名为"云阁"。"云阁"与两岸半山之中的悬空寺之间,修有一座悬桥,状若彩虹,称为"虹桥"。两者合称"云阁虹桥",当时是恒山最著名的一景。那排石孔就是修"云阁"栈道时凿的。现在虽已桥断阁塌,但还有"云阁"两个大字镌刻在陡峻直立的石壁之上,给游人留下幽情无限……

再往前走就是金龙峡最后一段险路磁窑口。

在磁窑口东岸龙凤板上书有"北岳恒山"4个大字，是明弘治十六年所书，距今虽已500多年，却依然赫然醒目。大字下琉璃瓦飞檐山门坐落在层层台阶之上，高大的四柱三路木牌坊上横书"屏藩燕晋"4个大字。此外，还刻有"塞北第一山"的大石牌，清乾隆时修的北岳恒山碑及两对石狮子等都完好无损，气魄很大，增添了金龙要塞宏大、险绝、古老的气氛。

千年险道金龙峡谷现在已被平展展的柏油路取代，每天南来北往的汽车川流不息，越过昔日天险金龙峡，奔向全国各地，千古绝塞今天已变成通途。

千岩竞秀，万壑争流

　　登上栈云岗石阶，便看到一组玲珑剔透的古建筑群坐落在一巨大的天然崩石凹壑之中。石壑有200平方米，东南西三面石壁环立，只有北面有一豁口，宛如一座天然庭院。庭院中松柏遮日，花草繁茂。三面石壁有历代游人的题刻，其中最著名的要算明代御史王献臣题刻的8个大字："千岩竞秀，万壑争流"，字体潇洒奔放，高度概括了这里的风景特点。这就是恒山有名的"飞石窟"。《尚书·舜典》中记载，舜帝巡狩来到北岳，忽有一巨石飞坠面前。据后人传说，那块巨石就是从这里飞出来的，所以巨石留下的空缺就称为"飞石窟"。

现在飞石窟东侧有座寝宫，古色古香，很有韵致。据《恒山志》记载，此宫建于北魏太武帝太延元年（公元435年），后经多次毁建，现在留下的主要是明代初年的建筑。原称古北岳庙，明代弘治十四年再次扩建时改为寝宫。

寝宫主要祭女神后土夫人。紧贴石壁建有殿台一间，内塑有女神后土夫人像。女神和凡人女子一样也需梳洗，因此飞石窟南侧又建有一座单檐九脊二层的小亭子，绿瓦红柱，亭盖如翼，小巧别致，这就是后土夫人的"梳妆台"。

寝宫东边有条紫芝峪，传说那里生长着紫芝（灵芝的一种），还出产一种五色卵石。后土夫人就是从那里的石脂图采来朱色卵石研制成胭脂，进行梳妆打扮的。寝宫南侧耳殿内还有一洞穴，深不可测。游人走进洞口，感觉有一股冷风吹出，寒气逼人。传说与东海相通，名为"还元洞"。

寝宫背后的山墙旁有一块岩石，形状如同一只展翅雄鹰，跃跃欲飞。这就是著名的"鹰翅岩"。

寝宫前面不远处还有两座小小的庙宇，一座叫"得一庵"，一座叫"阎道祠"。庙虽不大，却有来头。"得一庵"里尚存有当年道士炼丹的遗迹，"阎道祠"里有一座道人泥塑，据说是在恒山修炼成仙的阎道真身。这一对小小的建筑上戴峭壁陡崖，下临万丈深渊，建筑构思巧妙。从远处眺望，在一片绿树黛峰间，几点红墙亮瓦若镶若嵌，别有一番情趣。

更令人惊叹不已的是离寝宫不远的山腰处有一个小小的山洞，每当阴雨来临之时，便有缕缕白云从洞中飘溢而出，这就是恒山著名奇景之一的"出云洞"。

围绕飞石窟的奇妙景点真如群星拱月一般，分布在岩峰沟壑、林莽溪流之间。站在寝宫放眼远眺，只见翠柏掩红宇，山花漫曲径，紫洞生云烟，崖半听雷声，如同置身于瑶池仙境一般。

恒山大事年表

朝代	年号	公元	大事记
史前			舜帝北巡至恒山，始封其为"五岳"。
战国			赵简子遣子往恒山录"宝符"，攻取代国。
秦	始皇帝年间	前221～前210	嬴政朝封天下十二名山，亲临恒山，封北岳为天下第二名山。
汉	文帝年间	前179～前164	刘恒避其名意，改"恒山"为"常山"。
	武帝年间	前140～前87	刘彻亲临恒山祈福。
北魏	太武帝年间	424～435	拓跋焘登恒山致祭。
			始建北岳寝宫。
			在恒山东南麓建温泉宫。
			著名学者常爽设教于温泉宫一带。
			始建悬空寺。
隋	大业四年	608	炀帝封恒岳神为"安天王"。
唐	开元元年	713	玄宗加封北岳为"安天元圣帝"。
宋	大中祥符四年	1011	在千佛岭碧峰洞开磐禅窟铸造佛像。
辽	大康三年	1077	创建圆觉寺砖塔。
	大康三年		创建永安寺。
金			高定扩建恒阴县城文朝。
元	早期		同知刘世忠扩建恒阴县城文朝。
	皇庆年间	1312～1313	高璞补葺永安寺。
	延祐二年	1315	知州赵犀扩建文朝。
	泰定三年	1326	泰定帝封北岳神为"安天大真元圣帝"。
	至元五年	1339	确定浑源县境内的恒山主峰为北岳之正。
明	初期		扩建文朝。
	成化年间	1465～1487	张开在"停旨岭"峭壁上铸刻"恒宗"二大字。修葺圆觉寺释迦舍利砖塔。
	弘治十四年	1501	始建北岳庙，改旧岳庙为寝宫。
	嘉靖年间	1522～1566	局部维修永安寺。铸刻重修碧峰寺碑。
	万历年间	1573～1619	修葺永安寺。
	崇祯六年	1633	徐霞客考察恒山。
	晚期		建千佛宝塔。邑人孙聪建凤山书院。
清	顺治十七年	1660	清廷自顺治始正式于浑源县境祭北岳。
	康熙年间	1662～1722	康熙皇帝为恒山御题"化垂悠久"四字匾。维修永安寺。
	乾隆二十六年	1761	大修永安寺。

中华历史博物馆——嵩山

送李滁州

白居易

君于觉路深留意，我亦禅门薄致功。

未悟病时须去病，已知空后莫依空。

白衣卧疾嵩山下，皂盖行春楚水东。

谁道三年千里别，两心同在道场中。

　　嵩山位于河南省登封市境内，古称"太室山"，东周时定为"中岳"，五代后称"嵩山"，嵩山地处中原，东西绵亘 100 千米，风景优美，主峰为峻极峰，海拔 1492 米，雄伟挺拔。嵩山被誉为中国历史发展的博物馆，历代曾多次兴建庙宇、书院。帝王禅祭、文人讲学、高僧名道传教，都在嵩山留下了众多的历史遗迹。

嵩山八大胜景

自古以来嵩山登封八大胜景吸引了大批游人前来观赏品味。八大胜景包括"嵩门待月""卢崖瀑布""玉溪垂钓""少室晴雪""石淙会饮""轩辕早行""颍水春耕"和"箕阴避暑"。但是许多人来一次两次，甚至七八次都难以看全。

著名的"嵩门待月"就不是每天都能看到的。只有每月十五，当天清气朗时，满月从法王寺东边双峰豁口处升起，如同圆镜悬于台上，白色月光洒落山峰深谷才秀美高雅。最佳时刻还是每年中秋节这天，男女老少来到法王寺月台上，一边品尝瓜果，一边赏月，才最有情趣。据说最最美的还是从前殿前池中紫金莲盛开的时候，可惜现在早已池荒莲萎了。

嵩山八景倒不是景景这么难碰，其中卢崖瀑布就几乎天天都可以看到。只不过当水少时，只见一束白带从卢崖顶上轻轻飘下，给人一种轻盈柔弱之美；水大时，怒瀑冲天而下，响声如雷，振山摇谷，给人以雄悍壮烈之美。另外，观星台东边石淙河畔17首摩崖石刻也是随时可见。这里小河流水，纤石圆潭，风光秀丽。唐代武则天皇帝曾选这里大宴群臣，从此，这里就成为闻名遐迩的"石淙会饮"。

如果是夏天来嵩山，虽然可以在箕山避暑，但却看不到"一峰晴见一峰雪"的"少室晴雪"了。箕山在颍水之南，形状如同一个簸箕。这里风景优美，气候凉爽宜人。明代人傅梅曾写诗赞美它："每有凉风来树底，更无尘事到心头。许由巢父今何在，千古箕山五月秋。"诗中提到的许由是古代著名隐士。传说尧曾让天下于他，他听后赶忙跑到颍水去洗耳朵，怕尧的话把他耳朵弄脏了。许由的朋友巢父这时正在河边饮牛，听说许由洗耳朵的原因，怕河水污染，赶忙把牛牵走了。后来许由隐于箕山，一无所有，连仅剩的饮水的瓢也扔了。现在箕山上还有一处地方叫"弃瓢崖"，传说就是许由扔瓢的地方。在颍水下游石羊关以东有一处泉水,叫飞玉泉。泉水从地下喷出高达一米,好像串串珍珠。旁边有一大石,传说就是许由、巢父钓鱼的地方。

至于"轩辕早行"和"颍水春耕",则必须恰逢其时才能看到,"轩辕早行"须在春夏之交,"颍水春耕"则是在春天。轩辕关自周朝以来一直是兵家必争之地,地势险阻,石径盘旋而上。每当春夏之交的早晨,这里经常云雾缭绕,关下行人抬头仰望,山坡上行人如同在云彩中一般,飘飘欲仙。而历史上著名的颍水流经的箕山之间是土地肥美的河谷地带,春天绿树红花,北边是山光冈景,南边是水田如镜,嵩山七十二峰交相辉映,宛如江南水乡,又似桃源仙境,好一幅美丽清淡的农耕图。

有人把八大名胜编了一首诗:"月满嵩门正仲秋,轩辕早行雾中游。春耕颍水田歌起,夏避箕阴溽暑敉。石淙河边堪会饮,玉溪台上可垂钓。雨后少室观晴雪,瀑布崖前墨浪流。"这首诗可谓把嵩山登封八景的精华都点到了。现在,古老的嵩山八景正以崭新姿态迎接国内外游人。

中国之最看嵩山

嵩山被誉为我国历史发展的博物馆,儒、释、道三教汇集,其中拥有中国六最:禅宗祖庭——少林寺;现存规模最大的塔林——少林寺塔林;现存最古老的塔——北魏嵩岳寺塔;现存最古老的阙——汉三阙;树龄最高的柏树——汉封"将军柏";现存最古老的观星台——告城元代观星台。此外,太室山黄峰盖下的中岳庙始建于秦,唐宋时极盛,是河南现存规模最大的寺庙建筑群;嵩阳书院器宇恢宏、古朴高雅,宋时与睢阳、岳麓和白鹿洞书院称四大书院。

中华第一古塔

在我国广袤的大地上,历朝历代遗留下的古塔不下数千座。巍然屹立在登封城西北的嵩山南麓的嵩岳寺塔是其中最古老、最有特色的一座。

嵩岳寺塔

嵩岳寺塔是我国现存的最古老的砖密结构塔式建筑,外形呈12边形,它是唯一一座12边形砖塔。

该寺塔共15层,内为阁楼,外为突出塔身的密檐。

嵩岳寺塔又称北魏大塔,全塔由基台、塔身、密檐和宝刹4大部分组成,总高约40多米,有十几层楼房那么高。基台不高,不到1米。塔正面有方形月台,与基台同高。塔平面作等边12角形,这在我国古塔中是仅有的一例,很有特色。基台以上是塔身,塔身四面开有券门,可通塔室。塔身中部以腰檐区分为上下两部分,下部分没有雕刻装饰,上部分各角砌出一根棱柱,柱头装饰着莲花和宝珠等。没有设门的各面,砌出佛龛,凸显出壁画。佛龛正中也设有券门,可入龛室内,佛龛顶部砌出佛塔上常见的山花蕉叶、须弥座、复体、受花和叠檐等；佛龛下部基台正面，各雕有两只砖狮，8 面共有 16 只。砖狮造型各异，栩栩如生，有较高的艺术价值。塔身以上是层次密集的 15 层塔檐。这种密檐构造，在此以前建造的塔中尚未发现，因此，被建筑专家称之为砖塔建筑史上的一次突破。每层檐下砌有直壁，壁上又砌出真假券门和假窗，共有 504 个。塔的最上一部分是高大而复杂的塔刹，自上而下，由宝珠、七重相轮、受花、复体组成，高约四米。北魏大塔高大宏伟，构造新奇，是我国古代劳动人民智慧的结晶。

塔室之内原置佛台佛像，供和尚和香客绕塔做佛事用。因为最早北魏大塔是整座嵩岳寺的组成部分，所以香客不断。现在塔西高岭上的大片平坦耕地，原来就是嵩岳寺的禅院、殿堂建筑的主要遗址，至今还保留寺院建筑的一小部分。在山门前有一座八棱经幢，上面刻有"佛顶尊胜陀罗尼经"字样；前面还有一对高约一米的石狮子；它旁边还有刻有精美人物图案的石函，这些都是唐代作品。另外，在塔西山坡上有唐代大书法家徐浩书《唐敬爱寺大证禅师碑》一通，及唐代《箫和尚塔铭》石刻。这些石刻、石幢都记录了嵩岳寺的历史沿革。

嵩岳寺最初是由北魏时的一座皇帝斋宫改造而成的。据专家考证，它建于北魏宣武帝永平二年（公元 509 年），至今已 1400 多年了。当时规模已相当大，隋唐时又大兴土木，形成一座规模庞大的古代建筑群。由于这座寺院是由皇室拨款修建的，所以不但规模大，而且内部极其豪华。作为寺院组成部分的砖塔当然也就要和它匹配，成为中华第一古塔。

一行与会善寺

出登封县城往西北方走不远就会看见会善寺。它后边是太宝山积翠峰，左边是象鼻山，右边是卧龙岭。这里四周松柏常青，芳草清水，景色格外幽美。清朝乾隆皇帝路过会善寺时曾写诗赞道："外方多宝地，净域辟云关。自古山川秀，遥看花树殷。"

　　会善寺西墙外的半山坡上有一处戒坛遗址。据唐代人陆长源写的《会善寺戒坛记》中记载，戒坛平面为一方形，四角立有石柱，柱的外面饰有天王像浮雕，天王足下踏有鬼怪山水等像，即为柱础石。坛内置五佛塑像。戒坛是会善寺内宗教活动的中心，据说当年每天有数百人来此供佛，每年有上千人在此受戒。可惜现在戒坛只剩一个大土堆和几块石碑。其中有东魏造像碑一通,其正面龛眉浮雕的飞天童子诸像及侧面图案,极其精致,是嵩山一带石刻艺术中的精品。

这座戒坛就是唐代高僧元同律师和一行禅师所建。虽然戒坛已不复存在,但一行的名字却被后人永远记着,参观会善寺的人都要了解一行其人。一行和尚俗姓张,名遂,自幼聪明好学,擅长历象、五行。由于不愿同权贵交往,20岁出家从师普寂禅师,取名一行。以后普寂又让他到天台山国清寺跟高僧学习数学和其他知识。唐玄宗在开元五年接他到长安主持编修《大衍历》,并在天文测量、仪器制造和新历创制中取得优异成绩,成为中国历史上著名的天文学家。他所编造的《大衍历》不仅促进了中国天文学的发展,而且在唐开元年间传到日本,在日本使用了近百年。在前来参观游览的人群中,经常可以看到日本人仔细观看戒坛遗址,怀念这位天文学大师。

会善寺原是北魏孝文帝的一座斋宫,到隋文帝时才改为"会善寺"。唐代时曾大加增建,离戒坛基址西南不远处的净藏禅师塔就是唐代建立的,是我国现在最古老的一座八角形砖塔,是研究唐代木构建筑的重要资料。五代后梁时会善寺一度废毁,宋太祖又下令修葺佛殿,塑造了神像。现在保留下来的古迹,仅有常住院、戒坛遗址、净藏禅师塔及北朝以来的一些古碑和其他文物。会善寺常住院原来规模相当宏大,现仅存山门、大殿及左右配房。山门上横额题"会善寺"三个字。山门前有一泉称"会善泉"。传说过去会善寺缺水,一条神龙被佛法感化,引泉到山门。山门外还有一株古老的银杏树,枝叶茂盛,遮天蔽日,给这千年古刹增添了不少清幽的气氛。

周公祠中话"两台"

告成镇位于嵩山南边,古称阳城。据史书称,它是我国第一个朝代——夏朝的都城。出告成镇往北不远便到了著名的周公祠。

周公祠前立有像碑一样的石表，表端有屋宇式顶盖，表下部是方形复斗式的石座。每当夏至这天中午，石表上下的投影隐藏于边棱式斜坡之中，好似无影，所以当地群众称它为"无影台"。石表上镌刻有"周公测景台"5个大字。此表是唐代所立，据说真正的周公测台就在石表北边不远处，早已毁于战火或地震。

周公就是周朝初期周文王的儿子，他在营造东都洛阳时，曾在这里"测地中"，以确定四时季节。他测地中的方法是立一个8尺高的"日表"，再以一个1尺5寸长的"圭"来量度日影。每年夏至的中午，"表"的日影正好等于"圭"长，这就叫做"土圭测景"。"土"就是度量，"景"就是日影。"周公测景台"就是周公在这里测量日影的台子。由于有这座台子，古代认为这里便是天地之中。位于天地中心的嵩山，便被皇帝封为天中王了。

为什么古人把夏至日影等于1尺5寸的地方叫作天地之中呢？原来古人把"赤道"认为是极热的"南极"，并且认为"南极"到"北极"相距三万里。日影1寸合1千里，2尺5寸正好是15000千里，不正是从"南极"到"北极"的中间吗，古代人认为大地是平面，所以这里也就是地中心。

如果说"周公观景台"是古代人们对天文地理知识的原始探索，那么在石表以北20米处的一座巍巍高台，留下的却是人类科学探索的足迹。这就是闻名国内外的现存的我国最古老的天文台，古称"观星台"，也是世界上最古老的天文台。它是我国元代科学家、天文学家郭守敬所建。当时在他建议下，国家在北纬15°到65°的广大地区共建造了27座观测台，观察研究日影，以便改革历法。这就是历史上有名的"四海测验"。这座观星台就是其中最大的一座。郭守敬等人经过科学测量，编成了当时世界上最先进的历法——授时历。授时历所定的一年时间为365日5小时49分12秒，竟比用现代科学测定的365日5小时48分46秒，误差仅仅多26秒！和现行的格里高利历（即阳历）相比，则一秒不差。格里高利历是 1582 年由罗马教皇格里高利十三世颁行的，比郭守敬的授时历已晚了 300 多年。

现在，游人站在"测景台"和"观星台"遗址前，对我国古代领先世界的科学文化史无不感到由衷的骄傲和自豪！

古老的中岳庙

出登封县城往东走不远便是一座庄严肃穆的宏大的宫殿式古代建筑群，这就是古老的中岳庙。它坐落在一个由北向南倾斜的小盆地上，北边是郁郁葱葱的黄盖峰，东西南也都是隆起的山脉。

中岳庙古代称"太室祠"，最早建于秦朝，后来几经毁建、搬迁，直到唐玄宗开元年间（公元713～741年）才最后改在现址。宋、金、明、清各代都对中岳庙进行过大规模修建。今天看到的中岳庙基本上是明清两代的建筑，是嵩山地区规模最大的庙宇，现有房屋四百多间，石刻碑碣100多座，古柏300多株，珍贵文物极其丰富。

庙前甬路边有两座威武雄壮的石人像，被称为"翁仲"。翁仲传说是秦国猛将，后来便把墓前庙前守门石人称为"翁仲"。考古学家认为这是不可多见的汉代文物。进入高大的天中阁后，是木构"配天作镇"牌坊，坊后是崇圣门，崇圣门东西立有宋金时代的"四状元碑"。碑文分别为宋金时文人王曾、卢多逊、骆文蔚和黄久约所写，是研究古老的中岳庙历史的重要史料。崇圣门东古神库四角有 4 个铁人，高约 2.5 米，神态逼真，是守护神库的武神。铁人背面铭文记载，四个铁人是宋代铸造，冶铸工艺复杂。在我国已发现的铁人中，中岳庙铁人无论在冶铸水平，还是艺术水平方面都属于上乘之作，对研究中国古代冶铸史、美术史都有极高的价值。

过崇圣门是化三门，再过化三门便到了有名的峻极门。这里的"中岳嵩高灵庙之碑"是嵩山地区发现的最古老的石碑，被称为北魏石碑。碑高 2.8 米，碑文是别具一格的魏体。"圣旨碑"是元代作品，碑文中由于夹杂有许多蒙古语，对研究元代汉蒙混用的语言很有价值。"五岳真形图碑"上刻着我国五岳的形状，概括了五岳的山势特点，是明代所立。"五岳真形图碑"东侧的"御制中岳醮告文"石幢，是宋代刻立，造型精美，书法也是上品。另外，这里还有一座"大金承安重修中岳庙图"碑，用我国传统的立体透视图手法刻绘了宋金时中岳庙的地图，保存了 800 年前中岳庙的全貌，在我国建筑史上有重要的研究价值。

穿过峻极门，便进入一个回廊大院，迎面是一座比"配天作镇坊"更高大的、上面挂有"崧高峻极"四个大字的牌坊。坊后填台上坐落着中岳庙的正殿——峻极殿，又称"中岳大殿"。殿堂高大宽宏，神龛内供奉着中岳大帝像，殿内历代皇帝大臣的题额很多。

中岳庙大殿北边是寝殿院，被认为是中岳大帝与帝后起居的地方。此外，还有"御书楼""凝真阁""三仙殿"等古迹。

游人至此还有一处古迹不能不看，就是中岳庙南边的汉太室祠阙。在嵩山现存的三座汉阙中，太室阙是建筑结构最完整最古老的一座。全阙由阙顶、阙身和基台组成，高约 4 米。阙额刻有阙铭，字中混杂篆、隶二

体，是研究汉代书体演变的重要资料。石阙各面刻有浮雕图画，内容为
"四神"（即青龙、白虎、朱雀和玄武）、车骑、出行、动物图案等，是研究中
原汉画的珍贵实物资料。

站在阙道中央北望，一直可以看到高大的天中阁。器宇轩昂、历史
悠久的中岳庙，层层叠叠地坐落在斜坡上，好像天上宫阙，地上仙境，以
其特有的价值吸引着中外游人。

古老而秀丽的法王寺

站在崇岳寺就可以看到位于半山坡上的法王寺高大的银杏树和阳
光下闪闪发光的黄色琉璃瓦。

法王寺东西北三面都是高山峻岭，只有南面一条曲径直通县城。寺周围翠柏葱郁，清溪潺潺，鸟语花香，不愧为嵩山地区第一胜地。

法王寺历史悠久，建于东汉永平十四年（公元71年），比少林寺早四百多年，不但在嵩山地区，在全国也是最古老的佛寺之一。传说汉明帝夜梦金人飞空而至，大臣傅毅说：听说西方有神叫佛，陛下梦见的金人就是佛。于是明帝便派人去西天请佛取经。这个故事反映了佛教传入我国初期的情形，这比唐僧取经的故事要早好几百年。汉明帝在洛阳城西门外建我国第一座佛教寺院的第4年，即建大法王寺。汉明帝派人到印度不但带回佛经佛像，也带回了印度僧人。法王寺就是为印度僧人竺法兰译经而建立的。

据明代学者傅梅考证，曹魏明帝青龙二年曾改名为护国寺。隋文帝仁寿二年在此建舍利塔，所以又改称舍利寺。唐太宗敕补佛像，又改称功德寺。唐代宗时又改称广德法王寺。元明时复称法王寺。法王寺历经两千多年，虽然几经兴衰和变革，但仍然保存了不少文物古迹。

在大雄殿月台下有两株古老的银杏树，据说至少有1000多岁。每年春夏时，枝叶茂密，就像一把巨伞在院中张开，遮天蔽日。秋天，落尽黄叶的枝头挂满累累果实。

大雄殿后的地藏殿台地上有四座高大的古塔巍然屹立，和古银杏树一比高低。西南角的那座叫"法王寺塔"，平面为正方形，约40米，足有十几层楼高。法王寺塔建筑样式被称为单层密檐式塔，塔身以上为15层密檐，檐间有假门窗。塔身南面辟园券门，门内为空筒状内室，佛台上部有一尊泥塑佛像，下台为一尊汉白玉佛像。东边那座砖塔式样古朴，比法王寺塔矮得多，仅约9米，为单层单檐式。塔顶宝刹与受花等皆用青石雕刻而成，工艺极其精细。北边还有两座方形砖塔，塔身明显变矮。由于四塔的石铭都已失落，因此建塔年代已无从考察，从建筑风格看可能是唐代建筑。

另外，在寺西边山坡上还有一座元代建造的六角砖塔，高约 8 米，建筑工艺很精细，名为"月庵海公圆净之塔"。在寺西北角的耕地里还有一座清代建造的六角砖塔，叫"弥壑澧公和尚塔"，是研究清塔的重要实物。

嵩阳书院及"将军柏"

从登封县城往北不远有一座不大不小的古建筑，这就是我国古代著名的四大书院之一的嵩阳书院。

从书院大门到藏书楼,前后共五座院落,依次为卷棚大门、先师祠、讲堂、道统祠和藏书楼。在书院中轴线两侧的配房中有"程朱祠"、"丽泽堂"、书舍、学斋等。整个书院建筑风格简朴、大方,周围环境古朴幽雅。

书院是由我国古代儒学先生们创建的,是当时名儒讲典授典的教育场所,是我国古代的大学。嵩阳书院是在北魏孝文帝元宏太和八年(公元484年)建的嵩阳寺基础上改建的。五代后周时设立太乙书院,到宋太宗至道年间皇帝又下令改为"太室书院",有学生数百人,逐渐兴盛起来。宋仁宗皇帝又下令扩建,正式定名为嵩阳书院。后来书院几次在战争中被烧毁后又重建,现在的建筑主要是清代康熙十三年(公元1674年)重建的。

走进嵩阳书院,首先映入眼帘的是两株苍虬高大的古柏,游人都要围绕它细细观看,使人想到这书院悠久的历史。这就是有名的汉封"将军柏"。传说汉武帝刘彻有一次来游中岳嵩山,曾对一棵高大威武的柏树信口说道:"真是一个大将军啊!"没想到往前走不远还有一株柏树比"大将军"还粗大,汉武帝只好屈封它为"二将军"。另外,还有一株较小的就封为"三将军"了。汉武帝走后,"大将军"得意忘形,笑得前仰后合,竟把腰笑弯。它就是倾俯在石头墙上的那株柏树。"二将军"则闷闷不乐,气不忿,竟把肚皮气炸,那株主干上有个空洞的柏树就是"二将军"。"三将军"短命,于公元1665年11月毁于大火,已不复存在了。千百年来,关于"将军柏"的传说、游记、诗歌很多,为"将军柏"注入了丰富的文化内涵。其中明朝诗人王铎写的《游嵩阳院观封三柏》诗最有特色,他在诗中写道:"嵩阳观外柏三株,汉帝遗封今记无?翠霭尚留龙驭远,青天时有鹤群呼。年深饱历风霜色,世渺金荒玉检符。欲问兴亡千载事,不知人代几荣枯。"现在两株古柏虽然历经近2000年,已老态龙钟,但仍枝叶茂盛,生机勃勃。

　　嵩阳书院中还有一座著名的大唐碑,经常吸引大批游人。大唐碑全称"大唐嵩阳观经圣德感应之颂"碑。整座碑由6块巨石组成,高约8米,碑顶是用4块巨石分为3层雕造叠筑而成,造型雄奇。上层以圆雕形式做出二龙戏珠的碑脊,中层是承托龙珠的云盘,其上各种浮雕生动逼真,有很高的艺术价值。碑文是李林甫撰写的,由大书法家徐浩书写。字体为八分隶书,被历代书法家称为一绝。可惜背面的云盘被雷轰去一半。传说是因为李林甫在历史上名声太臭,他的文章怎么能立于天地之间呢?于是上天派神龙来捣毁它。可是神龙不忍心毁掉徐浩书写的精美的字体,便看准没字的碑顶轰去一半,回去交差了事。

　　嵩阳书院周围,古代有许多寺、塔、观等,可惜都已毁于战火或地震,连盛极一时的崇福寺也只剩下几座无梁殿了。

驰名中外的少林寺

少林寺位于登封县城西北少室山阴五乳峰下,在中国佛教发展史上占有重要的地位,素有"古刹中州数少林"之说。禅宗、武术、僧兵驰名中外,影响深远。碑刻、壁画、塔林、雕塑、铸造和建筑等等,在中国古代寺庙中可谓精华荟萃,是重要的文化艺术宝库。

少林寺不仅古迹众多,而且环境优美。特别是金秋季节站在山门举目南眺,黄栌、檞叶、野山楂等树叶一片火红,秋风吹过,丛林摇动,一簇簇一片片红叶如喷焰的烈火在山坡上滚动,煞是好看,不亚于北京的香山红叶。

少林寺历史悠久，至今已有 1500 多年。北魏孝文帝于太和二十年（公元 496 年）为西域僧人跋陀在此修建"少林寺"，取少室山之林的意思。跋陀死后，印度和尚达摩把少林寺作为传法禅宗的道场，成为我国禅宗鼻祖。到了唐代，由于寺中僧兵帮助李世民打天下有功劳，少林寺得到大规模扩建，规模空前，盛极一时。后来因"会昌灭法"，开始走下坡路，直到元明两代，才有较大恢复。当时中日交往频繁，日本僧人邵元、德始等都在少林寺修过禅，并留下宝贵的碑文和笔迹。1928 年少林寺遭到最严重的破坏，军阀石友三放火烧了天王殿、大雄宝殿、藏经阁、钟楼、禅堂、垂花门楼及前院和中院的全部廊房和僧房等，各殿中的佛像、经卷、书版、法器等也都化为灰烬。现在游人看到的基本上是建国后人民政府重新修复的，而且只是大少林的中心部分，即常住院，规模比过去要小得多。常住院主要包括山门、碑林、天王殿、大雄宝殿、东西禅房、法堂、方丈室、立雪亭、佛祖殿、白衣殿、地藏殿和昆卢阁等建筑。

少林寺历史上虽遭几次大的破坏，但还是保存下了丰富的古代文化遗产。其中仅各种碑碣已发现 300 多座，许多为历代名家或中外名僧所书，是不可多见的艺术珍品和宝贵的历史实物。唐代王知敬、宋代苏黄米蔡、元代赵孟頫和明代董其昌等大书法家写的碑文，均有独特的艺术风格，为书法界所敬重。另外，如《参公和尚塔铭》《大才便公本大和尚塔铭》《顺公万庵和尚塔铭》和《西京永安县碑》等碑文，对于研究农民起义、古代边防、寺院庄园经济等提供了宝贵的历史资料。其中元代日本僧人邵元所写的《息庵禅师行实之碑》、明代日本僧人德始写的《淳拙禅师卞公塔铭》等，则是中日文化交流的历史见证。

少林寺千佛殿、白衣殿和初祖庵大殿中还有丰富多彩的壁画。其中千佛殿内壁和东西两墙绘有"五百罗汉朝毗卢"的大型彩色壁画，面积约 300 多平方米，整个画面气势磅礴，共分三层：上层的背景是山林，中间一层是风云，下层为水浪。在各层的背景上绘画彩色罗汉，形象古朴、生动,各具特色。彩图轮廓简练清晰,线条粗犷有力,圆浑匀整,着色轻淡、雅致,设计大胆有新意,画面紧凑、协调、大方,具有唐代吴道子风格。作者为明末画家。这幅壁画是我国艺术宝库中罕见的珍品。

少林寺塔林也是闻名于世的。它位于寺西约一里许的山脚下,周围环境清幽秀丽。塔林是历代少林寺住持僧和有地位的和尚的墓塔群,约有14000多平方米。其中保存下来最早的塔是唐贞元七年(公元791年)建造的,最晚的塔是清嘉庆八年(公元1803年)建造的,大小高低共220余座。据说这仅是原来的一小部分,其他的都已毁坏了。塔形态奇特,种类繁多,是研究我国古代砖石建筑和雕刻艺术的珍贵资料。

初祖庵大殿和千佛殿内外的浮雕,至今色彩鲜艳,栩栩如生,体现了宋代绘画雕刻艺术水平。铜制毗卢佛像、大铁钟、地藏铁像都具有极高的艺术价值,是不可多见的历史文物。游人从少林寺走出后都有一种不虚此行之感,好像参观了一座展品丰富的历史艺术博物馆。

天下名石及其传说

嵩山有两块岩石非常出名，被称为天下名石。一块是在登封县城北边六里许的万岁峰的启母石，另一块就是少林寺里的"达摩影石"。

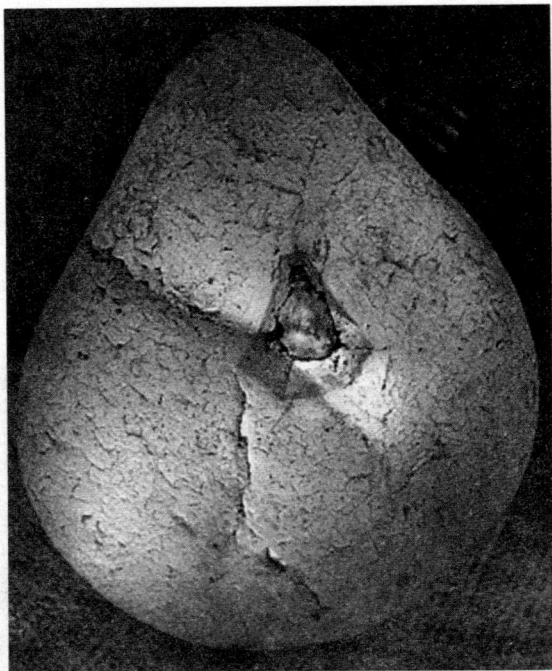

启母石附近，汉代曾建立过"启母庙"，庙前立有庙阙，叫启母阙。可惜后来都毁于战火，但关于启母石的一段神话传说却留了下来。说大禹在治水时要打通轩辕山，引导洪水排泄，于是他便变成一只巨大的黑熊天天在那里扒呀挖呀，十分辛苦。他的妻子涂山氏要给他送饭，大禹就说，你听到鼓声再来送饭。可是有一天大禹变成大熊正在挖山，不小心把一块石头掉在鼓上。涂山氏听到鼓声认为是大禹叫她送饭，她赶到轩辕山一看，大禹正变成一只大熊在挖山，感到非常羞愧，回头就跑。大禹想说明情况，就在后面追赶。没想到涂山氏跑到太宝山下却变成了一块巨大的石头，再也不理大禹了。大禹想起她还怀着孩子呢，就冲石头喊道:"还我孩子!"于是那块石头就在北面开了一个洞口,走出一个小孩子来。这个孩子就是后来改变了尧、舜、禹推举和禅让国家最高统治权的办法、自己继承了父亲帝位的夏启,建立我国第一个朝代——夏。"启"就是"开"的意思,用以纪念他的母亲。

另一块名石"达摩影石"是一块复制品,原石已在解放前军阀焚烧少林寺时被破坏了。"达摩影石"又称"达摩面壁石"。传说达摩和尚在山洞中面壁9年,苦苦修炼,精诚所至,以至他的影像也透入石中,形成了影石。从现代科学观点来看,别说9年,90年也不会把影子透入岩石中。古代有人对此事就怀疑,其中明朝有个提学副使魏校就不相信。他把影石和洞壁中的岩石进行了对比,发现影石不是达摩洞中岩石,揭穿了影石的骗局。

但达摩却是确有其人。在少林寺天王殿后西边竖着一块达摩"一苇渡江"的像石,传说达摩与梁武帝意见不合,暗地折苇渡江,来到魏国国境,后隐居少林寺。达摩来中国以前是南天竺国秀玉王之子,姓刹帝利,原名菩提多罗,其师为般若多罗,是古代印度禅宗第27祖,达摩就是第28祖。他来中国后先在南方活动,后来才来到北方。他来少林寺后天天面壁而坐。少林寺初祖庵后五乳峰的山坡上有一个山洞,传说就是当年达摩面壁的地方,称"达摩洞"。"达摩影石"原来据说就是洞中壁石,后来挖下来放在达摩亭里,再后来移入法堂供奉,成为少林寺中最神圣的法物。唐宋文人学士多写诗文加以宣扬,使其名气大振。

达摩和尚死后被少林佛教徒尊为佛教禅宗的初祖,少林寺就成为禅宗的祖庭。

清凉佛国——五台山

七绝·南五台山一景

山形峻峭峰峦险，碧水涓流醉锦霞。

长啸鸟惊岩虎卧，灵英台上望春花。

北岳恒山山脉向东南逶迤而下，在山西东北部形成了五座山峰，五峰连绵成一块方圆五百余里的名山胜地，这就是享誉中外的五台山。五台山以台怀镇为中心，分成台怀、台内、台外三个层次，像三个逐渐扩大的同心圆，在这个神奇的同心圆内，布满了一座又一座大小寺院，形成了中国的佛学圣地。

我国四大佛教名山之一的五台山位于山西省境内。传说过去的五台山气候炎热，久旱无雨。文殊菩萨为了解救百姓遭受酷热的苦难，化为一个和尚到东海龙宫去借宝,龙王领他看遍了宫内的奇珍异宝,他都不要,却挑中宫外一块叫作歇龙石的大石头。这块大石头原是龙太子歇息纳凉的地方。每当龙太子玩得大汗淋漓时,只要到石上一躺,便会遍体生凉。龙王虽舍不得歇龙石被借走,但一想到石头又大又重,谅这个和尚也搬不走,便假意答应了。不料文殊菩萨用手轻轻一点,歇龙石突然变小,文殊菩萨将它装入袖中,不辞而别了。文殊菩萨回到五台山,将此石扔在山沟里,只见瞬间遍山草长花开,清泉涌流,气候突然凉爽起来。于是人们把这块神奇的石头称作清凉石,清凉石至今还躺在台怀镇西南18千米处的清凉谷中的清凉寺内。

其实,五台山被称为清凉世界,主要是因为其地处华北,海拔又在2000米以上的缘故。每年四月解冻,九月积雪,即使在七、八月盛夏季节,山上最高气温一般也只在20℃左右。"岁积坚冰,夏仍飞雪,曾无炎夏,故名清凉。"清凉佛国之称,由此而来。

五台山方圆250千米,由五座浑圆的山峰环抱而成,分别称为中、东、南、西、北台,其中北台最高,为3058米。台顶树木稀少,犹如垒土而成,因此当地俗称"秃头山",传说文殊菩萨从龙王处取回歇龙石后,龙王五个儿子追到五台山,用龙爪乱扒乱翻,想要找回歇龙石,因此把五个山峰扒成平台。现在每座台顶的山麓,都可看到有成堆乱石,人们称之为"龙翻石"。其实这是冰川时期由于冰冻造成的砾石堆。

灵山得名独盛

自古以来佛家以五台山为佛山灵地。《大华严经》说:"东北方有处,名清凉山,现有菩萨,名文殊师利,在其中而演说法。"《宝藏陀罗尼经》称:佛告金刚密迹之言:"南赡部州东北方,有国名大震那,其中有山,名曰五顶。文殊童子,游行居住,为诸众生,于中说法。"大震那即指中国,文殊师利是佛教大乘菩萨之一。《华严经》把文殊菩萨和普贤菩萨同作为释迦牟尼佛的协侍,文殊菩萨侍左方,其塑像多骑狮子,一般的佛教经典都记载五台山是文殊菩萨的演教之区。

五台山灵峰雪景

千百年来，五台山一直被奉为中国佛教名山之首。清圣祖康熙皇帝说：宇内称灵山佛土，最著者有三，五台、峨眉、普陀，而以五台尤为盛焉。《敦煌石室遗书》中佛教史籍也说："昔人颂宇内灵奇之境，恒言五岳之外，复有三山。盖谓五台、峨眉、普陀山也。而五台尤以山辟最早，境地最幽，灵贶最赫，故得名独盛。"自东汉起，五台山就已经开始修建寺庙，以后各个朝代几乎都在五台山新建和重建寺庙，北魏、隋唐、辽宋、明清等时期不同风格的建筑汇集在五台山，形成了一个寺庙建筑群。

五台山还是中国唯一兼有汉地佛教和喇嘛教的道场。藏传佛教的达赖喇嘛、班禅喇嘛、章嘉呼图克图（大活佛）都曾在五台山居住修行，有的去世后就安葬在五台山。因此，五台山受到西藏、内蒙古等地少数民族的无比尊崇，有人生前没有实现朝拜五台山的夙愿，子女就把他们的骨灰送到五台山安葬。

佛光寺现存北魏时期的"祖师塔"表明，北魏时期五台山佛教文化就已达到了相当高的水平。而且随着佛教的传播、帝王的崇建、高僧的懿行，五台山作为文殊菩萨道场的名气越传越远，地位越来越高，寺庙建筑越来越多，规模也越来越大。

如今，五台山保留的寺庙，台内有 39 座，台外 8 座。台内著名的禅宗遗迹有显通寺、塔院寺、菩萨顶、殊像寺等。台外最著名的禅宗遗迹有南禅寺和佛光寺。这些建于不同时期的寺庙，或古朴苍劲，或雄伟壮观，或重楼深阁，或构造奇巧。雕刻精美，装饰华丽，彩塑壁画比比皆是，使风光绮丽的五台山呈现出多姿多彩的人文景观，成为千千万万游人和香客心驰神往的地方。

浮图屹立奠坤仪

台怀镇位于五台山中心的台怀盆地中。这一带有青山翠壑，一条清清河水水声潺潺。即使在炎热季节也凉爽无比，真是名不虚传的"清凉胜地"。寺庙和僧侣多集中于此，成为五台山佛教和旅游活动的中心地。

塔院寺大白塔

　　五台山上共有数百座塔，基本上可以分为佛塔和墓塔两种。佛塔是后人为彰显神迹或纪念历代高僧为佛国所做的贡献而建造的，墓塔即是历代高僧的墓。此外，还有专门用来收藏寺内亡僧之骨的塔——普同塔。此白塔是中国藏释迦牟尼舍利的佛塔之一。

在台怀镇千姿百态的殿宇楼阁中，有一座高耸入云、素身金顶的巨大佛塔，就是雄冠清凉五台山、象征五台山的大白塔。

大白塔按佛家正统的叫法是佛舍利塔。据《清凉山志》所述，此塔在汉明帝以前就有了。佛教传言，公元前486年释迦牟尼佛灭度，其尸骨炼就84000个舍利子，印度阿育王用五金七宝铸成了84000座塔，分布于茫茫大千世界。中国一共得到19颗舍利子，其中五台山得到一颗，就埋在塔下，所以将塔称为"释迦文佛真身舍利宝塔"，简称"释迦牟尼舍利塔"。五台山传说，东汉永平年间，古印度高僧摄摩腾礼拜五台山，曾亲眼看到过佛舍利塔。《清凉山志·五风灵迹·大宝塔》记："灵鹫之前，五峰之中。汉摩腾天眼，见此有阿育王所置佛舍利塔，历代帝王不废修饰。"这种传说在唐代已经盛行，不仅国人相信，就是外国来华学佛的高僧也相信，并且记入了自己的著作中。日本圆仁慈觉大师著《入唐求法巡礼行记》记载"五台山华严阁前有塔，二层八角，庄严殊丽，底下安置阿育王塔，埋藏地下，不许人见，是阿育王所造八万四千塔之一数也。"由此种种，"释迦牟尼佛真身舍利宝塔"就成为五台山佛教的象征。历史上，所有朝山的佛教信徒，都要专门前来拜塔。明高僧镇澄和尚赞塔曰："浮图何漂渺，卓出梵王宫。远带青山色，孤标紫界雄。金瓶涵海月，宝铎振天风。自是藏灵久，神邦万古崇。"现在的大白塔为明万历七年至十年（1579～1582年）重修，以后虽经多次维修，均属小型动工，大白塔仍保持明建筑风貌。而且在全国喇嘛式砖塔之中，被公认为明时期的代表作。明晋阳王道行诗赞大白塔："浮图屹立奠坤仪，从此群山势尽卑。百丈高僧无我相，万年夫子竞檀施。轮光遍照星何影，金色浑成世界奇。借问曼殊何处是，欲从言下决狐疑。"今天，已经成了五台山风景名胜区的象征。

钟鸣千嶂外

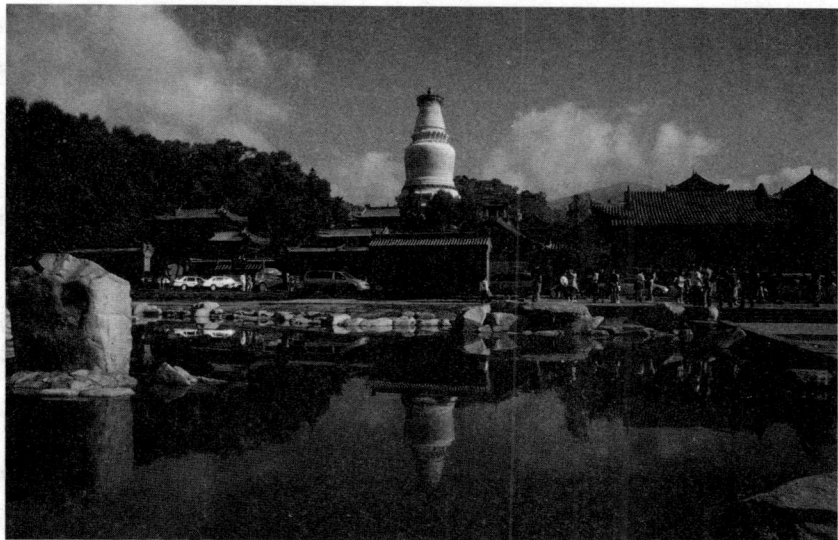

　　早在东汉时，印度僧摄摩腾和竺法兰在台怀建造了灵鹫寺，成为五台山佛教传播的开始。北魏、隋、唐各代又纷纷建起众多的寺庙。据说唐代宗登基之前曾遇文殊菩萨，并助他脱险，所以在他当上皇帝（公元762年）后就诏修文殊殿，五台山由此成为专门供奉文殊菩萨的道场。在台怀镇四望，周围寺塔林立，在灵鹫峰的南坡，有108级石阶直达菩萨顶上的梵宇佛宫。相传文殊菩萨就住在山顶。顶上有殿宇430间，占地45亩，其格局均按皇宫模式建造，上覆三彩琉璃瓦，下铺青色细磨砖，十分豪华富丽，为诸寺之冠。山门内有天王殿、钟鼓楼、文殊殿、大雄宝殿等建筑。文殊殿内的文殊菩萨骑着青狮，手持利剑，头顶五髻，所以也有五台为文殊五髻的说法。在佛教中，文殊和普贤是释迦牟尼的左、右协侍，文殊是智慧和威猛的象征。菩萨顶前这108级台阶，在佛教中暗指人间108种烦恼。上山朝拜文殊菩萨，则可以把人间烦恼丢弃于脚下。人们踏上这108级台阶，都会想起《水浒传》中鲁智深大闹五台山的故事。大醉如泥的鲁智深步履蹒跚地登上台阶，砸开山门，演出了一出令人捧腹的闹剧,却表现出他不服清规戒律的豁达性格。五台山以佛教名山而久负盛名。唐代就有印度、日本、斯里兰卡等国高僧不远万里前来朝台。清朝康熙皇帝曾朝台五次,乾隆皇帝也曾六次游山,并住宿在菩萨顶上。现中门匾上的"灵峰胜境"为康熙御书,乾隆所题的御碑高 6 米,四面刻有汉、蒙古、满、藏四种文字。佛教最盛时期,全山留有寺庙 360 多处,僧尼多达 2000 多人。由于五台山接近内蒙古、青海等蒙、藏少数民族地区,自清代起,佛教中的喇嘛教(黄教)也进入五台山。由此形成了黄衣喇嘛的黄庙和青衣和尚的青庙并存的格局,这在我国各大佛教名山中是独一无二的。台怀镇上塔院寺中的白塔就是喇嘛教的象征。这座大白塔建于元大德六年(公元 1802 年),由尼泊尔工匠来此设计建造的。白塔高 60 余米,形如藻瓶,上下悬挂了 252 枚铜铃,顶部铜制的大宝瓶金光闪耀,清风徐来,铃声余音不绝。喇嘛教信徒朝山多在此叩头念经,虔诚备至。与塔院寺隔路相望的罗睺寺也是一座黄庙。寺前一对石狮雕工精巧,相传为唐代遗物。寺内正殿里有一座木制的活动莲台,喇嘛可在暗中操纵轮盘,牵动绳索,使莲瓣张开,现出菩萨,称作为"开花现佛"。

开花现佛

从罗睺寺沿山坡而上即为显通寺,其前身就是五台山的开山祖寺——灵鹫寺。灵鹫寺寺院历史悠久,规模巨大,占地120庙,共有七重殿堂,气派非凡。寺内有一口重9999.5斤的大铜钟和一座精巧玲珑的铜殿,均为明代铸建。寺内的无量殿是一座全部用砖砌成的仿木结构重檐歇山顶的建筑,显示出我国古代建筑匠人的高超技术。藏经殿内珍藏大量珍贵佛教文物,令人大饱眼福。在这附近还有许多古刹依山傍谷而筑,有广济寺、圆照寺、广宗寺、万佛阁、殊像寺、龙泉寺、竹林寺、金阁寺、镇海寺、普化寺、南山寺等等,真不愧为佛国天地!

离龙泉寺不远处的令公塔,是宋朝爱国名将杨业的葬身之地。相传杨令公战死沙场后,其子五郎收骨建塔,葬于此地,杨五郎即在五台山出家当了和尚。传说杨五郎在此操练三千僧兵,帮助杨六郎大破水牛阵。至今在显通寺内还存放一根相传为杨五郎用过的铁棍。重81千克,因打韩昌而断成两截。五台山的东、西、南、北、中五台环抱之内称为台内,五台之外称为台外。散布在台内、台外的历代所建的寺庙不计其数。有不少古刹因地处偏僻,一般游人踪迹难至,历代战乱时期却能逃避战火,因此保持了古朴的建筑风格,成为我国古代建筑中的瑰宝。其中地处五台山之西南的南禅寺和五台山之东北的佛光寺乃是国内少有的两大唐代古寺。赵朴初先生曾赞道:"二唐寺,瑰宝世间无。"

南禅寺是我国现存最早的一座木结构唐代建筑,建于唐建中三年(公元782年),距今已1200多年。大殿古朴典雅。单檐歇山顶,殿内无立柱,斗拱层层叠架,给人以庄严雄伟的感觉。殿内17座佛像,其形态、衣饰、手法与敦煌唐代雕塑如出一辙,堪称唐塑佳作。

佛光寺的大殿为唐大中十一年(公元857年)所建,规模比南禅寺大,宽七间深四间,单檐庑殿顶,斗拱宽大,出檐深远,造型雄浑优美。寺内的塑像、墨迹、石刻均为唐代原作,是极为宝贵的文物珍品,这两座古刹在我国以及世界建筑史上都占有重要地位。游人能亲睹唐代古刹风貌,乃不虚此行。

相传文殊菩萨在农历六月十四诞辰,所以五台山的六月大会盛况空前。这一传统从隋唐时期一直流传至今。每年会期,四方僧尼香客蜂拥而至,寺庙灯烛辉煌、香烟缭绕。尤其在六月十四、十五两天,喇嘛教要举行特有的"斩鬼""跳鬼"宗教仪式。喇嘛们头戴鬼神面具,穿着奇装异服,手持各种宗教器具,手舞足蹈,引八方来客争相围观,热闹非凡。自古以来,每逢五台山六月大会,汉、蒙、藏、满各族牧民还在此举行骡马大会,进行牲畜交易,商贩也纷纷前来做生意,宁静的台怀镇摆满各种货摊。这一风俗沿袭至今,每年六月之前,当地政府作好精心安排,使之成为一个盛大的节日。六月也成为国内外旅游者来五台山旅游的高峰季节,他们在这一佛国圣地领略了五台山人民特有的风俗民情。

不尽云山豁两眸

五台山高峻挺拔,五座峰台,各有姿色,各具魅力。

东台名望海峰,海拔 2795 米,顶若鳌脊,环周三里,伫立台顶,东望明霞,如陂如镜者,即云海,时而平静轻柔,有如丝绸;时而上下翻腾,浪涛滚滚。云海中,峰尖时隐时现,有如海上叶叶浮舟。台顶因海拔高,气温很低,盛夏时节,台顶的僧人也身穿棉衣。台顶东侧的那罗延窟,吐纳云霞,为五台山著名的圣迹之一。

南台名锦绣峰,海拔 2485 米。顶若覆盂,环周一里,山峰耸峭,烟光凝翠,细草杂花,千峦弥布,犹铺织锦。盛夏时节,登临台顶,蝶飞鸟啼,奇葩名花漫山开遍,就像进入了仙境,人称"仙花山"。文殊圣迹千佛洞即在南台之东北十里的崖畔。清代以后,千佛洞是佛教徒,尤其是蒙古族少数民族佛教徒一定要参拜的圣迹之一。

西台名挂月峰,因明月西沉时远望坠于峰巅,有如悬镜而得名。台顶有座石砌的法雷寺,寺庙附近有个天然水池,站立台巅向西观望,山峦层叠群峰拱和,岩谷幽深,泉挂山腰。若是秋天,日落夜静,月挂中天,云纱雾幕,景象幽远,别有一番情趣。

北台名叶斗峰,海拔 3058 米,为"华北第一峰"。其顶平广,周四里,建有灵应寺。民间有"躺在北台顶,伸手摸星星"的说法。登临台顶,气象万千,东有茫茫云海,西有崇山密林,南望峰峦起伏,北眺沙塞烟尘,气魄壮阔雄伟。北台的背面,有常年不化的积雪,称为"万年冰"。

中台名翠岩峰,该峰与北台、西台接臂而坐,南眺晋阳平川,北俯雁门雄关。巅峦伟峙,翠霭浮空,故名翠岩峰。台顶气候严寒,"雪多九夏地偏寒",一年中有 11 个月积雪;即使是盛夏季节,最高气温也只有13℃,而在冬季,最低气温则可降至零下 44.8℃,气候真可谓奇特多变。华北地区只有中台至今仍保留有冰川的遗迹——冰缘地貌。

古人有登中台诗曰:"群峰四面拥奇观,朝雨和烟积翠峦。策杖千山浑不倦,披裘六月尚余寒。危崖碧幛周遭合,古木黄沙四望宽。云雾渐看山半起,却疑身已在云端。"

因五座台顶各有一尊文殊菩萨法像,人们转遍五座台顶,朝拜五尊文殊菩萨,叫"大朝台"。但要把五座台顶转遍,不具备较好的体质,没有足够的时间,是不行的。传说乾隆屡欲朝拜五文殊,终因风大路险没能如愿,遂模拟五座台顶的五方文殊,总塑于台怀镇东面的小山峰黛螺顶。在黛螺顶一次就能朝拜五尊文殊菩萨,叫"小朝台"。而登黛螺顶,来回半天时间就够了,所以人们常说:"不登黛螺顶,不算朝台人"。自从黛螺顶供五文殊以来,小朝台的盛誉就闻名遐迩了。

站在黛螺顶极目远眺,但见南台、中台、北台横出天际,与黛螺顶寺背靠着的东台连绵在一起,围护着台怀镇腹地的寺庙建筑群。俯瞰台怀,观殿宇鳞次,楼阁峥嵘,佛塔对峙,石阶层叠,琉璃瓦反射着金光,红围墙一道又一道,呈现出一派佛国风光。

盛夏之际来五台山,但见峰峦叠翠,佳木葱茏,野花烂漫,清泉遍地,伽蓝寺宇,散布其间。时有清风徐徐,拂人面颊。蓝天上白云从头上飘过,洒一阵碎雨,复又阳光灿烂,满目清新。盛夏白昼,气温适中,早晚还略显凉意。在这清凉胜境避暑调养,确实是件称心惬意的快事。

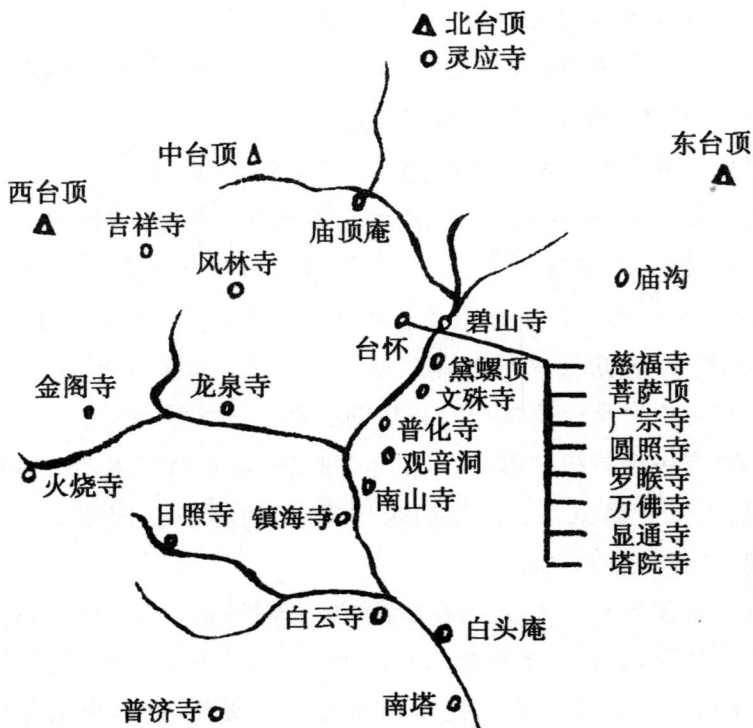

五台山胜迹示意图

　　五台山的寺院建筑十分集中,在整个五台山寺庙区分布着数十座寺、观、庵等建筑,这些建筑以木结构和砖石结构为主,而且这些建筑代表了从隋唐到明清时期各个时代建筑的不同类型与风格,堪称是我国寺庙建筑的博物馆。

海上佛国——普陀山

在古典神话小说《西游记》中,曾写到孙悟空为解救唐僧在西天取经途中的危难,多次腾云驾雾去求见观音菩萨。孙悟空在空中只见"汪洋海远,水势连天。祥光笼宇宙,瑞气照山川。千层雪浪吼青霄,万叠烟波滔白昼",远望海中的洛迦山,是"山峰高耸,顶透虚空。中间有千样奇花,百般瑞草。风摇宝树,日映金莲。观音殿瓦盖琉璃,潮音洞门铺玳瑁。绿杨影里语鹦哥,紫竹林中啼孔雀"。观音端坐在普陀岩上,正与诸王大神讲经说法。这一虚无缥缈的仙境倒确有其地,这就是闻名遐迩的四大佛教名山之一的普陀山。

普陀山地处杭州湾以东约 100 海里的莲花洋中,是舟山群岛中一狭长形小岛,南北长 8.6 千米,东西宽 3.5 千米。全岛共有 16 座山,18 个峰。最高峰佛顶山,海拔 291.3 米,有石阶 1014 级,系中国佛教四大名山之一。景区包括普陀山、洛迦山、朱家尖,总面积 41.95 平方千米。其中普陀山本岛 12.5 平方千米,既有悠久的佛教文化,又有丰富的海岛风光,古人称之为"海天佛国""人间第一清静境"。

海天佛国清静境

普陀山的名称来自佛教《华严经》,梵语作"普陀洛迦",或"补陀洛迦"等,汉语意为"美丽的小白华",故有白华山之称。相传西汉末年,南昌尉梅福曾到此山居洞炼丹,故唐宋以前,普陀山也称"梅山"。宋朝苏东坡在《送冯判官至昌国》一诗中写的"兰山摇动秀山舞,

普陀山磐陀石

磐陀石在普陀山梅岭峰上,由上下两石相累而成,下面一块巨石底阔上尖,中间凸出处将上石托住,称为磐;上面一块巨石上平底尖,呈菱形,称为陀。相传此处是观音大士说法处,石上有"金刚宝石""灵通""天下第一石"等题刻。

小白桃花半吞吐",小白就是指普陀山。普陀山成为佛教圣地始于唐代,唐宣宗大中年间(847～859年),天竺僧人来此修行,"普陀洛迦"之名即由此而来。宋神宗时钦赐"宝陀观音寺"额并赏银建寺,"宝陀山"名遂远扬。明万历三十三年,神宗正式定名为"普陀山"。

普济寺山门

　　普济寺山门是一个石牌坊,文武官员军民到此都应下马,以示对观音菩萨的崇敬。

　　中国佛教四大名山中,九华山供奉地藏,峨眉山供奉普贤,五台山供奉文殊,普陀山供奉观音。普陀山观音道场始建于咸通四年(863年),日本僧人慧锷在五台山请得一尊观音像,从宁波下海回国,舟至普陀山莲花洋时,遇风涛,以为菩萨不愿东渡,遂与像俱留于普陀山岛潮音洞侧,岛民张氏请像供奉于家宅,称不肯去观音院,此为普陀山最早的寺院。宋嘉定七年(1214年),普陀山正式建寺,宁宗御赐宝陀寺"圆通宝殿"匾额,并指定山中各寺圆通殿均供奉观世音像,从此,普陀山遂成供奉观世音的道场。因中国历史上帝王多建都于北方,故称中国东海为"南海",观世音因此有"南海观音"之称,从元、明两代起,普陀山又称"南海普陀山"。

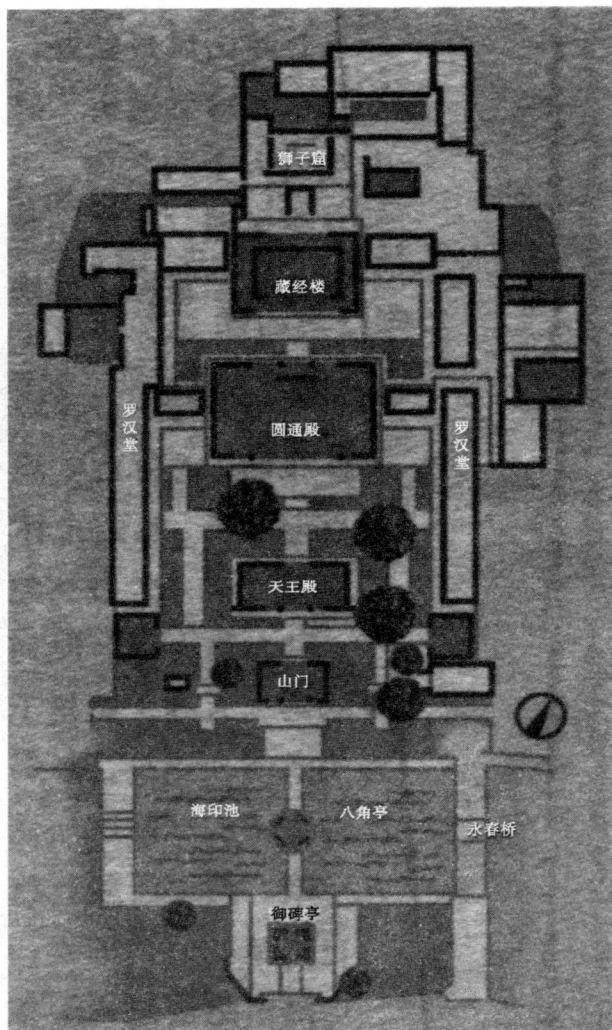

普济寺总平面画

  普济寺正式称"寺"始于北宋神宗时,整
个禅寺的总体布局有着一条明显的中轴线,
沿着中轴线依次为:山门,天王殿,圆通殿,
藏经楼,狮子窟等数座殿宇。

普陀山寺院建筑众多，从唐代第一座"不肯去观音院"开始，历代相继兴建寺院，清末达到鼎盛，全山大小寺庵 200 多座，僧尼 4000 多人。现在山上佛寺多为清初建筑，有 3 寺、88 庵、128 茅蓬、100 余僧寮等。其中普济、法雨、慧济 3 寺，规模最大，是我国南方清初寺庙建筑群的典型。

三寺中普济寺景区是普陀山的中枢。普济寺在灵鹫峰下，五步一楼，十步一阁，殿宇间古木参天，宝炉紫烟，为全山供奉观世音菩萨之主刹。该寺前身是后梁贞明二年（916 年）始建的不肯去观音院，宋元丰三年（1080 年）扩建，赐额"宝陀观音寺"，香火渐旺。庆元年间被列为五山十刹之一。以后经各代重建或扩建，现存建筑群为康熙年间规制，典型的清初建筑风格。寺前的石碑牌坊、御碑亭以及钟鼓楼巨钟和大皮鼓都是稀有的宗教文物。普陀山文物馆原为悦岭庵，馆内藏有珍贵文物千余件。其中有明清王朝的圣旨、玉印，来自西藏的佛像和印度、日本、缅甸、南洋诸国的玉佛、梵文贝叶经、菩提树叶等。展品中有一座珍珠塔，是用 3648 颗人造珍珠、4328 片人造翠片和无数彩色玻璃珠串编而成，曾荣获 1920 年巴拿马国际博览会的超级工艺奖。

法雨寺

法雨寺傍山临海，其旁的千步沙是普陀山全岛最美的沙滩，沙质柔细如金。

石林水府隔尘寰

普陀山风景独好,更因与佛教结缘而闻名。来普陀,三大寺不可不游。

从"短姑道头"码头登岸,3里左右,即到灵鹫峰麓下的普济寺,俗称前寺,是岛上最大的佛寺。清朝康熙、雍正皇帝先后拨款重修,规模宏大,有200余间殿宇,黄墙琉瓦,气象非凡。寺内大圆通殿为观音正殿,内供的观音塑像及周围32座观音化身,均为1981年重塑。相传观音在印度是一男性,蓄有须发。佛教传入我国以后,观音逐渐变为女性,而且"眉如小月,眼似双星。玉面天生喜,朱唇一点红",俨然是一位绝色美女,使她更富有大慈大悲、救苦救难的形象。寺外古木葱茏,有莲花池、永寿桥、八角亭、御碑亭,颇有瑶池仙境之意境。圆通殿为观音菩萨正殿,为清朝康熙、雍正时敕建。殿高6丈余,广14丈,纵8丈余。殿阁7重,单层重檐,琉璃顶黄墙,深邃开阔,庄严巍峨,可容纳数千人,有"活大殿"之称。寺前有御碑亭,亭内有清雍正所书六丈白玉碑一座,上载普陀山历史。碑亭右侧,有一石牌坊,相传是"文官下轿,武官下马"之处。寺前的海印池,又称莲花池,或称放生池。池中广植莲花,清波如镜;池中有八角亭,东有永寿桥,西有瑶池桥,雅致古朴。寺东南有五层的多宝塔,为元代遗物。塔上所雕佛像,造型别具一格,雕技高超。

沿大路上行,便到光熙峰下的法雨寺,初名海潮庵、海潮寺,是仅次于普济寺的第二大刹。始建于明万历八年,后经明清两代五次重建、扩建,现殿宇基本为明末清初建筑。康熙二十九年(1690年)赐额"天花法雨",遂改名为"法雨禅寺"。法雨寺依山凭险层层迭建,步入山门,如同来到天宫,极为幽静。寺内有著名的九龙殿。殿顶所盖黄色琉璃瓦和殿内九龙藻井,系康熙三十八年(1699年)御批拆自南京明故宫旧物,具有重要历史、艺术价值。今全寺总计殿宇楼阁348间。

法雨寺山门

        自清康熙改名法雨寺，因建寺时间在普济寺之后，又俗称为"后寺"。法雨寺气势壮阔，为普陀山第二大刹。

    沿山路走过一千多级石阶，便到佛顶山。山巅有慧济寺，又名佛顶山寺。初为一座石亭，明朝时创建慧济庵。清朝乾隆五十八年（1793年）修建大殿，扩庵为寺，光绪三十三年（1907年）经朝廷批准，请得大藏经，再次扩建，形成巨刹，遂与普济、法雨并称普陀三大寺院。寺内有大雄宝殿、天王殿、地藏殿和雷祖殿等，现有殿堂阁房等145间，建筑面积6649平方米。

观音过此不肯去

普陀全山以三大寺为中心,各有大小石道连接几十座寺庙庵堂。不少石道上刻有莲花图案,形成了全山很有特色的庙宇体系。寺庙内外保留有不少珍贵文物,王安石、赵孟𫖯、董其昌、吴昌硕等名家石刻到处可见。加上古木参天,荫天蔽日,掩映寺庙,一片浓郁的佛教气氛。

佛顶山,又称白华山、菩萨顶,为普陀最高处,是观看云海的理想地方。这里云浪滔滔,孤峰如岛。人行其间,若隐若现,景移其中,若有若无。不论晴阴,景色变幻莫测。"华顶云涛"为普陀不可多得的奇境。佛顶之西有山岩似雪的雪浪山,佛顶之南有似锦若屏的锦屏山。佛顶山后有盛产云雾佛茶的茶山,茶山多雾,有朦胧之美。所到之处,山川为之添景,树木为之增色。冬春之交,茶山上的茶树丹葩满谷,若珊瑚状。佛顶左侧有峻拔秀丽的光熙峰,一名莲石峰,又名石屋,望之峰石耸秀。每逢冬日,如置身山中,观赏彤云密布,朔风四起,一场大雪纷纷卷下,可领略"门外不知飘雪急,海天低与冻云平"的意境。大雪过后,登临佛顶俯瞰光熙诸峰,银装素裹,分外妖娆。

普陀岛沿海岸边,有十几处洞景奇观。著名的潮音洞,在龙湾紫竹林前沙岩上。洞高数丈,洞内怪石嶙峋。洞岩有缝隙,似天窗。每当海浪涌入洞穴,吞吐倏忽,险象环生,潮声如雷。青鼓山下有梵音洞,崖台峭峻,陡劈如门,洞高三四十丈。洞穴幽深,曲折通海,浪拍洞壁,动魄惊心。以上两洞为听潮音的最佳地点。还有朝阳洞,它面向海滨,旭日东升,最先映入洞中,为海滨观日出最理想的地方。此处得"海"独优,与高山观日出相比,别有一番情趣。"朝阳涌日"是普陀一大景观,凡游普陀者,必到此洞。

普陀全山巨石怪岩,千姿百态,比比皆是。在梅岑山麓能看到石纹如波的石浪岩。沿山路往西行,能看到两石相垒如盘的磐陀石,仿佛摇摇欲坠,以奇特著称。上石高 2.7 米,体积有 40 多立方米,有梯可登石上,环眺山海,人称此石为"天下第一石"。每天红日西沉,苍烟暮霭时,

"磐陀夕照"为普陀美景之一。在西天门下西南方有"心字石",石上刻巨大"心"字,周广百尺,也属罕见。据说是观音传释迦佛的说心法后所留。在磐陀石西有一"二龟听法石",二石酷似龟状,一龟昂首引颈,缘石而上,一龟匍匐岩顶,回首观望,形态逼真。传说是东海、西海两个龟丞相,听观音说法而不愿离去,后经观音点化成石,永留人间。慧济寺下,雪浪山东、西茶山上,还有三石组成的"云扶石"。下两石倾斜欲坍,有"海天佛国"四字,上一石凌空昂立,书"云扶石"。因二石不坠,故称"云扶",为普陀一奇。像这类巨石,全山约有 30 多处。

自朝阳洞到麈提庵一段东面海岸,为千步金沙(即千步沙)。每当海潮拍岸,其声如排排响雷。潮水来如奔马,退似卷帘,瞬息多变,气象万千。沙滩坦阔,灿灿如金,柔软似棉,有"黄如金屑软如苔"之说。夏日来临,游人如织。此处为得天独厚的海水浴场,"千步金沙"是普陀主景之一。

普陀山短姑道头

进了佛国山门,往东南约 300 米处,便是短姑道头。清光绪三十一年(1905 年),普陀山住持余、莲禅二僧见往来船只靠岸不便,于是募资用巨石垒成长 100 米、宽 8 米的石条道头。现在虽然有了客运码头,但许多游客仍由此登岸,以览普陀名山的这第一处胜境。

普陀山佛寺大事年表

朝代年号	公元	大事记
唐大中年间	847—860 年	有天竺(古印度)僧人来山,在潮音洞前朝拜观音菩萨。
唐咸通四年	863 年	日本僧人慧锷携观音像东渡回国,在普陀海面遇风,于是留下观音像,是为不肯去观音院的由来。
五代后梁	916 年	修建不肯去观音院。
宋乾德五年	967 年	赵匡胤派太监来山进香。
宋元丰三年	1080 年	朝廷赐银建宝陀观音寺。
南宋绍兴元年	1131 年	宝陀观音寺住持真歇禅师奏请朝廷,易律为禅。从此,全山寺庵皆属禅宗。
南宋嘉定七年	1214 年	宁宗赵扩赐额"圆通宝殿",指定普陀山为专供观音之场所。
元代元统三年	1335 年	帖睦尔之子宣让王赞助建造多宝塔,也称太子塔,为普陀山现存最古的建筑物。
明洪武十九年	1386 年	实行海禁,命大将汤和焚寺遣民,只有铁瓦殿存留下来,另外留一僧一仆守奉香火。
明隆庆六年	1572 年	五台山僧人真松来山光复佛事,修复殿宇。
明万历八年	1580 年	湖北高僧大智(名真融)在光熙峰下创建海潮庵。
明万历三十三年	1605 年	皇帝颁发帑金两千两,遣太监张随重修圆通殿,赐额"护国永寿普陀禅寺"。
清康熙十年	1671 年	实行海禁,普陀山又一次被焚寺遣民。
清康熙二十八年	1689 年	皇上颁帑金两千两修寺,并赐额"普济群灵"予宝陀观音寺,赐额"天花法雨"予护国镇海禅寺。寺名因此改为"普济寺"和"法雨寺"。
清康熙五十八年	1793 年	僧人能积筹资扩建白华顶上的慧济庵,并改名为"慧济寺"。
清光绪十九年	1893 年	印光法师从北京南下,寄住法雨寺 30 多年,闭门研究佛经,著述《印光法师》四册。
	1957 年	普陀山举行纪念释迦牟尼涅槃 2500 周年活动,全国 13 个省市的 2744 名僧尼和信徒前来受戒、听经。
	1988 年	普陀山举行已断绝 30 多年的打"千僧齐"盛会。
	1989 年	普陀山举行庆祝寺庙修复开放十周年活动和首次方丈升座法会,妙善和尚被封为普陀山方丈。

佛国峨眉天下秀

峨眉山月歌

李 白

峨眉山月半轮秋，

影入平羌江水流。

夜发清溪向三峡，

思君不见下渝州。

　　峨眉山像一道巨大的翠屏，耸立在成都平原西南，遥望弯曲柔美的山体，犹如少女的修眉，于是人们称它为"峨眉"。纵横200余千米的峨眉山，由大峨、二峨、三峨、四峨四座山组成，一般游人所到，主要是奇峰攒聚、名胜荟萃的大峨山，这就是今日人们通常所说的"峨眉山"。

峨眉山和五台山、九华山和普陀山并列为我国的四大佛教名山,坐落在距成都市西南约168千米处。在四川素有"四绝"之称而闻名天下:峨眉天下秀、青城天下幽、剑阁天下险、夔门天下雄。峨眉山以它独具的风姿位居"四绝"之首。峨眉山方圆200平方千米,主峰万佛顶高达3099米。在中国名山之中,论高大巍峨,可以推峨眉为首了。然而它的山形绮丽,却以秀著称。北魏郦道元的《水经注》中引用《盖州记》的话曰:"去成都南千里,然秋日清澄,望见两山相崎如峨眉焉",形容峨眉山形仿佛美女两道秀眉。加上遍山上下很少有岩石裸露的峭崖,几乎全都披上浓郁的"绿装"。满山的春花秋果,仿佛是美女身上的金钗玉簪。幽深曲折的沟壑之间,并无气势浩大的巨瀑洪流,唯见涓涓小溪,如同美女舒展水袖在轻歌曼舞。峨眉之秀,确实处处令人有所感受。李白因此诗曰:"蜀国多仙山,峨眉邈难匹。"

传说很久以前有一位画师给西坡寺和尚画了一幅四美女图,但要和尚放在箱子里49天后才能挂出。和尚不听此言,擅自将画挂在墙上。一天和尚回寺,忽见四个美丽姑娘在堂内说笑,而墙上的画已成白纸。姑娘一见和尚来到,就惊慌奔跑。和尚紧追不舍,只拦住了四姑娘,她一着急便变成了一座山。三个姐姐在前见妹妹变成山,也都立地成为三座山。这四座山就是大峨、二峨、三峨和四峨。至今四峨山和大峨、二峨、三峨三座山之间还拉开着一段距离呢。峨眉山是佛教普贤菩萨的道场。传说普贤骑着白象普济众生,功德圆满。山上很多寺庙和胜地与普贤菩萨有关,如名刹万年寺内有极其珍贵的普贤骑白象的铜佛像,海拔2000余米处有普贤洗象池等。隋唐时,佛教在峨眉山上日益兴盛,原有的道观纷纷改成寺院。历代高僧先后在山上建筑了不少佛殿。据统计,从汉代至清末,共建有寺庵堂殿、楼阁院亭170座,僧侣最多时达3000之众,真不愧为佛国仙山。至今仍有不少佛徒香客,三步一跪、九步一叩前来进香朝拜,佛寺内终日香烟缭绕。

佛教圣地越千年

峨眉山是天下闻名的佛教名山，相传是释迦牟尼身旁的普贤菩萨显灵说法的道场。它与山西五台山、浙江普陀山、安徽九华山并称

峨眉山佛事活动

峨眉山僧人，为大兴佛事，弘扬佛教，塑造了许多佛像，配置了很多法器，大大丰富了峨眉山佛教文化内涵。

为中国佛教的"四大菩萨"道场。峨眉山原为佛道两教并存的宗教重地，历史文化久远。魏晋时佛教传入，改观为寺，成为佛教的普贤道场。唐宋以后，佛教兴旺、寺庙增多、规模逐渐扩大；明清鼎盛时期，全山上下先后有大小寺庙170余座。东汉之初，山间便有了第一座以药农舍宅为寺庙的"初殿"，后来经晋、唐、宋的续建和明、清两代的发展，连绵百里的山峦，先后兴建佛寺200多处，僧众达数千人。随着佛教的兴盛和道教的衰

微与绝迹,峨眉山遂成为以"菩萨信仰"为中心的佛教圣地。明清时期,山中佛教势力鼎盛,寺院达 150 多所,保存至今的有 20 余所,其中著名的有报国寺、伏虎寺、清音阁、万年寺、洪椿坪、洗象池、卧云庵等。

　　峨眉山的第一座寺庙是报国寺,这是峨眉山佛教协会所在地,是峨眉山佛教活动的中心。这里寺周楠树蔽空,红墙围绕,伟殿崇宏,金碧生辉,香烟袅袅,磬声频传。

此寺坐西向东,朝迎旭日,晚送落霞。前对凤凰堡,后倚凤凰坪,左濒凤凰湖,右挽来凤亭。山门前有一对明代雕刻的石狮,造型生动,威武雄壮,就像左右门卫,守护着这座名山宝刹。山门上"报国寺"大匾,是清康熙皇帝御题,玉藩手书。此庙最初名"会宗堂",明代万历四十三年(1615年),明光道人建于伏虎寺右的虎头山下,取儒、释、道"三教"会宗的意思。寺里供奉"三教"在峨眉山的地方代表牌位:佛教为普贤菩萨,道教是广成子,儒教的代表是楚狂。会宗堂的建立,反映了明、清时期儒、释、道融洽的一段历史。清初会宗堂迁至现址,顺治九年(1652年),行僧闻达重修。康熙四十二年(1703年),根据佛经中"报国主恩"的意思,御赐"报国寺"名,同治五年(1866年)暮春僧广惠扩建。

峨眉天下秀 常佛顶上光

峨眉云海浮金顶

峨眉金顶位于海拔3077米高的绝壁上,顶上的普光殿建于东汉时期。金顶的观日台是观日出、云海、佛光的最佳景点,有着"金顶祥光"的美称。

报国寺七佛殿供七佛之像，皆丈六金身，庄严慈祥，为清代之物，脱纱造型，工艺水平很高。殿中供奉的七佛，中间一尊为释迦牟尼佛，其余六尊为过去佛，从右至左依次为：南无拘留孙佛、南无拘那含牟尼佛、南无迦叶佛、南无毗舍佛、南无尸弃佛、南无毗婆尸佛。其工艺具有体轻、防潮、防蛀、不裂缝、保存久等特点，反映了我国古代艺术的精湛。七佛皆盘腿坐于莲台上，体态匀称，庄严肃穆，表情各有变化，惟妙惟肖。

峨眉山佛教与海外宗教界有着广泛的联系。相传东汉时，西域宝掌和尚曾来峨眉山建寺修庙。明代，缅甸和阿富汗友人送来玉雕佛像和贝叶经，斯里兰卡友人送来佛牙。清代，日本友人松涛、朝鲜宝光和尚等来峨眉山题咏作画。近代前来峨眉山朝圣、考察和进行佛教文化交流的海外来客，更是络绎不绝。每年峨眉山寺庙接待来自国内外的香客游人多达 100 万人次。

峨眉山留下了古人的大量诗文楹联和碑刻，著名诗人学者李白、苏轼、范成大、方孝孺、顾炎武等都留下了诗词文章。诗仙李白在平羌江上吟出"峨眉山月半轮秋，影入平羌江水流"的千古绝唱；直到晚年在异乡还常忆起："我在巴东三峡时，西看明月忆峨眉。月出峨眉照沧海，与人万里长相随"的情况。南宋诗人范成大赞曰："峨眉秀色甲天下，何必涉海觅蓬莱。"方孝孺写道："林放到池月，风吹入户云。"明末清初大思想家顾炎武也留下"洗象池边秋夜半，常留明白照寒林"的联语。清人在《万年寺》诗中赞叹："四围烟绕山腰寺，一面窗收谷口云。白夜试寻明月畔，此中清景评谁分。"

奇观胜景峨眉秀

峨眉山峰峦高过云端，最高的万佛顶海拔 3099 米。前山千岩万壑，苍翠欲滴，飞瀑流泉，逶迤多姿；后山巍峨挺拔，峭壁千仞，云翻浪滚，雄险惊心。春夏时节山花烂漫、万木葱郁，素有"一山有四季，十里不同天"之妙喻。清代诗人谭钟岳将峨眉山佳景概为十景："金顶祥光""象池月夜""九老仙府""洪椿晓雨""白水秋风""双桥清音""大坪霁雪""灵岩叠翠""罗峰晴云"与"圣积晚钟"。

名列峨眉山十大胜景之首的"金顶祥光",又称"佛光",每当雨雪初霁,斜阳西照在金顶周围的云海上,云端往往显现出形态不同的七色光环,光环中还会映入游人的身影,人动影随,交映成趣。因此游峨眉、登金顶、赏佛光被说成是人生一大幸事。

峨眉山还有日出、云海、佛光、圣灯四大奇观,真是银色世界,美不胜收。

乘云结胜游峨眉

峨眉山有低山区、中山区、高山区三个自然景观带。低山区的报国寺、伏虎寺、雷音寺、纯阳殿等为游山必经之地。

步入峨眉山,一路行来,但见无山不青,无峰不秀,飞瀑流泉、喷球溅玉,林木叠翠,小道清幽,奇花异草,珍兽鸣禽,加之云雾缭绕、烟雨迷蒙,

处处引人入胜。

出峨眉县南门,沿公路前行,至峨眉山麓,过"天下名山"牌坊,往前不远就到达了峨眉山的门户报国寺。寺院依山取势,从山门入寺,中央四进院落,弥勒殿、大雄宝殿、七佛殿、藏经楼四座殿宇随山势逐渐升高,气势轩昂,整个建筑群掩映于苍松翠柏之中。

出报国寺不远即到以幽静见称的伏虎寺,因寺后有山雄峙,形如蹲伏之虎而得名。伏虎寺原名龙神堂,始建于南宋,现存大庙系清初建成。大殿侧建有一亭,内存紫铜华严塔一座。铜塔铸于明万历年间,高 7 米,14 层,造型挺拔秀丽,塔上刻有 4700 余尊佛像和《华严经》全部经文。佛像眉目清晰,经文字迹清晰可辨。

由伏虎寺上行,来到清音阁。山中两大水流随山势蜿蜒而出,汇于寺前,此处有一光滑坚硬的黑色巨石,形似牛心,称牛心石,此景被称为"黑白二水洗牛心"。附近有石拱桥两座,分跨黑、白二水之上,名双飞桥,若虹悬空,有诗描绘此景为"双飞两虹影,万古一牛心"。黑白二水穿岩越壁,飞注斗捷,猛击"牛心",浪花飞溅,宛如碎玉落珠,水声传自深深的幽谷,其声清越,回响盘旋,美如琴韵,这就是峨眉十景之一的"双桥清音"。

不远处有药王洞,相传为药王孙思邈隐居炼丹之所。北宋大诗人苏轼游至此处,赋诗曰:"先生一去五百载,犹在峨眉西崦中。自为天仙足宫府,不应尸解坐虾虫。"

从清音阁左侧游山小道,经栈道和一线天,拾级而上,就来到了古刹洪椿坪。洪椿坪原名千佛庵,亦称千佛禅院,因寺前有树龄逾千年的洪椿古树而改称现名。这里海拔较高,林深草茂,峰青壑幽。夜晚,薄雾凝聚,清晨,雨浮雾中。人行林中,眼见是雾,沾衣是雨,如粉扑身,格外清爽。"山行本无雨,空翠湿人衣",就是对"洪椿晓雨"的贴切写照。

洪椿坪寺内有明代铜铸佛像,汉藏文土司碑、千莲灯等文物。

出清音阁向右行,不远处有个白龙洞,相传《白蛇传》中的白娘子就是在此处修炼成仙。

再向前走，一座建筑风格颇像印度和缅甸的殿宇出现在眼前，这就是万年寺。寺内主殿称砖拱无梁殿，全殿无梁无柱，不用一木，全系砖砌，逐渐内收，形成穹隆形拱顶、正方形底座的奇特造型。殿内供奉普贤骑象铜像一尊，六牙白象足踏三尺莲台，四蹄遒劲有力，双目炯炯，古朴雄浑；普贤菩萨端坐于象背，头戴金冠，手执如意，体态丰腴，神态安详，衣纹明快流畅。此铜像铸造于北宋太平兴国五年（980年），系稀世珍品。殿内顶壁四周供有数百尊小佛像，称"千佛朝普贤"。

万年寺雄踞于群山中突起的一座山峰上，诸峰相连，苍翠满坡，清风林涛，山泉飞泻，令人赏心悦目。峨眉十景之一的"白水秋风"就在万年寺内。在白水池畔四望，秋高气爽，蓝空分外明净高远。缕缕白云缠绕着寺后陡峭的观心坡，坡上绿叶、黄叶、红叶相间，与蓝天共一色。秋风吹拂着峰峦，摇撼着丛林，

发出声声呼啸，片片橙红的枫叶在空中随风飞舞。应和着秋风，横穿古寺而过的涧溪潺潺低吟。流水、秋风、树涛，强声低音交错，如同一曲浑厚深沉而流畅自如的森林交响曲，为飘飘红叶伴舞。清人刘儒在《大峨山》一诗中不忘赞美秋景："天下峨眉秀，乘云结胜游。龙吟千涧雨，树点万峰秋。"

到高山区的洗象池，已是海拔2100米。传说普贤菩萨飞升金顶时在此洗象，因而得名。这里地势高爽，是观赏月色的最佳处所。每当碧空如洗的夜晚，四顾群峰罗列，烟云缥缈，举头望皓月当空，确是"天高月明"。月光透过枝干挺拔的冷杉林丛照射下来，寒光融玉，树影扶疏，清

凉如水。

由洗象池继续上行，即到达金顶。金顶为一片方圆数里的平地，现存卧云庵。金顶海拔3077米，是登高远眺和观赏四大自然奇观的绝好地点。

登临金顶俯瞰，诸山莽莽苍苍，江河蜿蜒曲流，远处贡嘎山云雾缭绕，气势磅礴，超尘脱俗。

云 海

峨眉金顶海拔3077米，顶部是一平坡，金顶之北是千佛顶和万佛顶，三峰并列，气势非凡。顶部现筑有气象站和电视转播台，还有一些招待所和小饭店。游人在此，只见白云缭绕脚下，仿佛置身于天上人间一般。金顶之上曾建有多重殿宇，但屡屡毁于雷火。现存卧云庵，庵后曾于明万历三十年（1602年）建成金顶铜殿一座，在阳光下金光闪耀，金顶之名由此而来。铜殿现已毁，但有铜碑等遗物藏于卧云庵内。庵左侧即为睹光台，危崖临空，下临绝壁600多米。于此瞭望，山海峰浪一望无际，东可望峨眉河、大渡河和岷江曲折环流,西可见青藏高原群峰银装素裹,南北丘陵起伏、层峦叠嶂,真使人感到有凌云排空、唯此独高之感。宋代范成大在此感叹道:"相去不知几千里,但如在几案间,瑰奇胜绝之观,真冠平生矣!"

峨眉金顶有云海、日出、神灯、佛光四大奇观。在金顶可看到云雾变幻在眼底之下,瞬时成为无边无际的白色大海,时而如波澜翻滚,时而如轻纱弥漫。晴朗天气的凌晨,在金顶上观赏日出,也使人激动万分。入夜,万山静寂,又可俯见山谷中点点亮光,如灯火万盏,忽明忽暗,此即为"神灯",实际是空气中的磷自燃所引起的现象。在四大奇观中最令人兴奋的是"佛光"。它一般出现在晴朗无风、太阳斜射的午后。当山腰布满云海的时候,人们站在睹光台上,可以看到云海之上出现一个彩色光环,人影正好投在光环之中,人静影亦静,人动影亦动,这就是著名的"金顶祥光"。这种大气中光线折射现象,千百年来令人如痴如醉,为峨眉佛山披上一层无比神秘的色彩。

莲花佛国——九华山

　　"妙有二分气,灵山开九华",坐落在安徽省青阳县境内的九华山,山灵水秀,景色幽绝,素有"东南第一山"和"仙城佛国"之誉。

　　九华山"有名之峰九十九,无名之峰九十九"。山上有99座各具风姿的山峦,其中九大主峰天台、天柱、罗汉、莲花等高耸云端,竞秀斗妍。据《九华山志》载:"此山奇秀,高出云表,峰峦异状,其数有九,故名九子山。"

　　唐代大诗人李白曾三次游历九华山,作诗道:"昔在九江上,遥望九华峰。天河持绿水,秀出九芙蓉。"古时的"花"与"华"通用,所以"九华"

之名,更含溢美之意。自此,九子山改称九华山。

九华山北距长江不远,与著名的黄山同出一脉。群峰之间,飞瀑流泉,岭影云光,景色秀丽,而且寺庙佛塔众多,晨钟暮鼓,自古以来即以佛教圣地名扬海内外。历代慕名前来的文人名士、达官显贵不计其数,有唐代李白、刘禹锡、杜牧,宋代苏轼、苏辙、王安石、文天祥,明代王阳明、汤显祖,清代袁牧等 300 多人,共留下赞美九华胜景的诗篇不下 500 余首。

九华山和黄山都是花岗岩体山脉,历经亿万年的风吹雨打,使山体变得支离破碎,造型奇特,姿态非凡。山峰耸峙纤细,山顶如同朵朵莲花盛开。著名的莲花峰置于云海之中,真有亭亭出水之态。所以,在我国四大佛教名山之中,九华山又以莲花佛国著称于世。

九华山曾为道教所据。自唐代以后,佛教的影响越来越大,终于成为佛教的“一统天下”。唐开元年间(一说永徽年间),新罗国(即今朝鲜)的王族金乔觉来到九华山隐居修身,苦行 75 年,至 99 岁坐化。金氏高僧曾为九华山古刹化城寺的祖师,他学识渊博,擅写汉诗,曾与李白携手共游九华,以诗唱答。他去世后,葬于月身宝殿,俗称月身塔。因为他生前笃信地藏菩萨,而且传说他的容貌也酷似地藏瑞相,于是九华佛徒都认为他是地藏王菩萨转世,遂称他为金地藏,九华山由此成为四大佛山中专门供奉地藏菩萨的道场。金氏高僧品行高洁,修身成佛,从此九华山名声大振,一时僧尼云集,寺庙林立。唐宋元明清各代帝王纷纷谕赐,拨款修寺,到清代时,全山僧尼达四五千人,寺庙有 300 多座,“香火之盛甲于天下”,成为“九华一千寺,洒在云雾中”的佛教圣地。

圣地缥缈凌云烟

九华山,汉称陵阳山,南梁称帻山,盛唐前称九子山。唐天宝年间(742—755 年),李白写下了“妙有分二气,灵山开九华”的诗句,遂易名九华山。“天下名山僧占多”,九华山清幽绝尘,自古便是宗教圣地。据记载,九华山初为道教圣地。早在汉代,陵阳县令(今青阳县陵阳镇)窦伯玉因好神仙道术,遂辞去县令,入九华山修道;其后,三国时道家赵广信和东晋时著名道士、道教学者、炼丹家葛洪都曾来九华山采药炼丹;唐乾宁年间道士赵知微在凤凰岭创建延华观,开坛传道,并炼丹于沙弥峰。

祇园寺阶梯

祇园寺的规模居九华山诸寺之冠,一般寺院第一进多为天王殿,祇园殿的第一进则供奉灵宫,显示出佛道的融合。

九华山,成为我国四大佛教圣地之一,是从晋隆安五年(401年),天竺僧杯渡禅师来九华山传经布道,创建茅庵开始的。至唐代,新罗国王室贵族金乔觉来到九华山,居于东崖峰岩洞虔诚苦修,时人认为他是地藏菩萨的化身,称为金地藏。后九华山被辟为地藏菩萨的道场,自此香火日益鼎盛,晨钟暮鼓,僧徒云集。

全山寺庙之首为化成寺,位于九华街上。寺庙依山而筑,庄严古朴,历史悠久。相传东晋年间,来自印度的僧人怀渡在此筑室为庵,唐至德年间青阳人诸葛节在此建寺,请金乔觉居之,后来皇帝敕赐匾额,名"化成"。现存寺庙前后四进,具有江南山区古寺建筑的特征。寺庙门头悬有化成寺匾额,门楣、斗拱和梁柱的镂雕十分精致,特别是正殿开花藻井刻有九龙戏珠,是木雕艺术的珍品。寺后的藏经楼有御赐藏经 6777 卷、金地藏的九龙方印和明代万历皇帝的圣旨一道。

化成寺东面的东峰绝顶上,有一巨岩,形如苍龙昂首,上刻"石舫"二字,素有"东崖云舫"之称。相传金地藏来九华修身时,常常在岩上打坐,故称"东岩晏坐",即"九华十景"中的"东岩晏坐"。

化成寺记

　　化成寺是九华山的开山之寺,位于九华山九华街中心。
九华山作为地藏王菩萨道场,化成寺尤具象征意义。

王阳明曾两次在此晏坐，并做诗一首"尽日岩头坐落花，不知何处是吾家。静听谷鸟迁乔木，闲看林蜂散千衙。翠壁泉声穿乱石，碧潭云影透晴纱。痴儿公事真难了，须信吾身自有谁。"当时他受奸党陷害，正被削权候处，诗中可见其苦闷和彷徨。明武宗曾派锦衣卫侦察他的行动，锦衣卫报告说他天天在岩头打坐，并无谋反之意。九华山的灵山秀水对他的性灵学说影响深远。今天在晏坐岩尚存有石桌石凳，并有王阳明的亲笔题字"云深处""船舫"，旁边的黑色锦衣石相传为锦衣卫所坐。

九华街南面是旃林禅寺，与化成寺遥遥相对。门前立一影壁，中开一个小门，入院过小天井达大雄宝殿，斗拱和窗棂上遍刻着佛教神话故事里的各种形象。大殿供奉释迦牟尼涂金塑像，左右两边各有僧房数十间，花木泉石点缀其间，曲径通幽，布局灵巧别致。

化成寺右侧的神光岭上，建有金地藏的肉身殿，又称肉身塔。明代万历皇帝赐名"护国肉身宝塔"。殿内汉白玉铺地，中间是肉身塔。塔为七级木质结构，高17米，每层有佛龛8座，供奉地藏王坐像，十王立像供侍左右，威武生动。塔顶铺盖着古代铁瓦。殿前石梯十分陡峭，共84级。宋代诗人隐士陈清隐曾作诗曰："八十四级山头石，风撼塔铃天半语。五百余年地藏坟，众人都向梦中闻。"殿后有古花园和半月形瑶台，台上铁鼎内终日香火不断，称为"布金圣地"。

化成寺东面的东岩西麓为祇园，始建于明嘉靖年间。到清嘉庆时，寺院由隆山和尚主持，他率领众弟子在祇园开坊传戒，扩建殿宇，使其规模成为全山寺院之首，并成为"十方丛林"（所谓十方，即指以东南西北四面和四角，再加天地合为十方），是九华山唯一的一座宫殿式建筑群。寺前为雕有莲花、金钱图案的石板甬道。一进为灵官护法神，三只眼睛，手举钢鞭，意即三眼能观天下事，一鞭惊醒世间人。二进为四大金刚塑像，三进为大雄宝殿。

甘露寺

　　甘露寺是清末建筑，周围树林葱茏，雨露云雾，甘露淋漓，幽静宜人。寺的正门造得独出心裁，进门后看见的是后墙，而且不与院落相通，要到大殿必须从两旁山墙小门进去。古人曾有过"屋角泉声落，床头岚气过""到此惮关宿，方知山色多"的赞叹。现在，九华山佛学院就设在甘露寺内。

甘露寺位于半山腰的定心石下。据传玉琳国师奉旨进香九华,见此地山水环拱,遂倡议建寺。动工之时,满山松竹皆滴甘露,便取名为"甘露寺"。寺庙的前后两殿布置在两个台基上,进入大门后,要从山门的侧门出入,转向上坡十数级台阶,再从侧面进入大殿。由室内到室外再到室内,一明一暗,整个布局和谐统一,颇有趣味。

楚越千山无此景

沿崎岖小道上山,山势渐陡,山道五步一弯、十步一拐,一边峡谷万丈,一边绝壁千仞。沿途奇峰林立,在三十三天古拜经台上,可以饱览奇峰怪石:钟峰、香炉峰、老鹰扒壁峰、金龟峰、木鱼峰、和尚敲鼓石和双桃峰等。九华第一奇峰为蜡烛峰,兀然卓立,崖壁直下近百米,如刀削斧劈,孤立于山谷之中,峰顶几棵奇松,酷似"烛芯"和"烛泪"。峰对面的石壁上,摩崖累累,有"龙华三会""非人间""高哉九华与天接,我来目爽心胸扩"等石刻。

九华山共有99座山峰,以天台、十王、莲华、天柱等9峰最为雄伟。群山众壑、溪流飞瀑、怪石古洞、苍松翠竹,奇丽清幽。名胜古迹,错落有间。素有"东南第一山"的美称。

古人把九华山的美景归为"九华十景":五溪山色、桃岩瀑布、舒潭映月、平冈积雪、天台晓日、东岩宴坐、化成晚钟、九子泉声、天柱仙迹和莲峰云海。

和古刹林立的前山相比,后山的景色更富天然色彩。清秀的九子岩、壮观的七步泉、雄伟的天柱峰、变幻莫测的莲花峰和千娇百媚的大森林,构成了一道独特的风景线。

来到九子岩盆地,首先映入眼帘的是满目的竹海,一阵风吹过,竹梢浪花般一波一波地排沓而来,簌簌作响,煞是好看。当日落西山,众鸟归林的时候,向寺院老僧讨几节毛竹,做一顿香喷喷的竹包饭,然后扯起帐篷,露宿于星空之下,呼吸着清新自然的空气,感受那难得的山林野趣。

七步泉位于碧云峰和文殊峰之间,和九子岩并称"九子泉声",为九华十景之一。泉跌七节,节节相随,飘若白练,垂空当舞。但要走进七步泉,却决非易事。一道隆起的石脊让很多游人望而却步。这道长20余米,宽0.5米的石脊令人想起刚露出水面的鲫鱼背,似乎还挂着水珠,光滑无比。不过,也只有过了鲫鱼背,才能真正体会此处的空阔。

七步泉

　　俗话说"云为山之韵",九华山地靠长江,每年约有1/3的时间处于云雾之中,春夏是观云海的黄金季节,在"天高云淡,望断南飞雁"的秋季,只能偶尔看到云雾随风飘荡。观云海的最佳去处为莲花峰下,莲花峰位于九华山东北边缘,坐落于群山之外,山峰在云雾中若隐若现,"俯视白浪山作岛,仰望青天岛成山"。

　　天柱峰峰巅陡绝,直入云霄,云雾缭绕,忽聚忽散,附近的五老峰像五个不同姿势的老人踏着云波漫游天柱,列仙峰更像众仙接踵而至,因此,人称天柱仙迹,亦为九华十景之一。

游山不及看山妍

　　五溪为九华山的北大门，为上山必经之路，五溪即龙溪、澜溪、漂溪、双溪和晋溪的总称，以九华诸峰为源，奔泻于峰峦叠翠之间，在六泉口汇合，过五溪桥北流，然后注入长江。俗话说"游山不如观景"，九华山观景最好的地方就是五溪桥旁的望华亭了。望华亭为明万历年间苏万民所建，亭下还盖了许多房屋供人住宿。现今亭虽不存，但风景依旧动人，站在亭上远眺，只见横岭侧峰，溪水清流，山色凝秀，风光如画，真是"江上亭亭九朵莲，游山不及看山妍"。无怪乎古人发出"江南之山莫秀于九华，九华之胜实行于五溪"的感叹了。望华亭南还有二圣殿、圣泉寺等古迹。

　　从碧桃岩往东，到翠盖峰，峰下有一泉三潭。一股清泉自岩缝流出，由小至大汇入溪涧，溪涧分为三潭，上为上习潭，中为下习潭，下为璎珞潭。潭水深而碧透，传为舒姑化鲤之处，故名舒姑泉。九华山的景色随四时不同而各有特色，冬季的九华山别有风韵，特别是初雪后的九华山更是动人心魄，景物变得简约明了，颇有"大象无形"之意味。观雪景的最佳去处是平田冈。九华山多为悬崖峭壁，宋朝相国程篁为方便游人观赏雪景，特地雇佣民夫在大岭头至回香阁之间堆土成墩，曰平田冈。这样游客出九华街，顺着砌好的石板小路就可以登上平田冈观赏雪景了，从而免去了雪地爬山之苦。"平冈积雪"也因此得名，并成为"九华十景"之一。每到寒冬时节，冈上白雪皑皑，青松披上银妆，古刹民房掩映在漫天飞雪之中，更有那点点梅花散出阵阵幽香。清代周赟作诗赞曰："九华绝险，平冈独平，四时美景，雪天最清，天台重璧，莲花坼琼，幽人寻梅，踏碎瑶芙。"同是雪景，这里没有"独钓寒江雪"的萧瑟之感，却平添了一分"琉璃世界白雪红梅"的韵致。

　　过平田冈不远，约走3千米，即为转身洞。洞有三丈见方，夏日寒气袭人，传为金地藏来九华寻宝，经此转身而得名。元末农民战争时，为汉军领袖陈友谅屯兵之所,附近尚存石屋、石井等古迹。

九华山远景

　　九华山山中秀丽的自然风光中融合了丰富的人文景观,佛教气氛,山间古刹钟声,香烟缭绕,灵秀幽静,古木参天。

　　竹海之中,回龙桥畔,挺立着人称天下第一松的凤凰松。凤凰松长于南北朝时代,距今已有1400多年的历史,主干高3米处分出三枝,一枝上曲似凤凰昂首,一枝下弯似凤尾后垂,一枝微翘分成两翼,好似一只翩翩起舞的凤凰。每当旭日东升、晨雾初开或夕阳西坠、晚霞流金时，凤凰松越发青翠欲滴，色彩鲜明，当代著名画家李可染誉其为"天下第一松"。从闵园往前，山势渐陡，"石梯云折断，松涧水飞还"。一路怪石嶙峋，雾气缭绕。过普济寺、拜经堂、大鹏石，即到天台峰。峰顶一块巨大岩石，犹如巨龙横卧，人称"青龙石"。"龙尾"直抵十王峰，"龙颈"上建有天台寺，形成十王朝地藏菩萨之势。"龙头"上建有捧日亭，亭旁有一观日台。五更十分，东方尽处游动着一丝微明，远远的山峰由黑变青，变黄，变红，呈现出半明半暗的瑰丽景色。正在你紧张期待时，一只火球喷薄而出，顿时，峰峦尽染，十分壮丽。这即是十景之一的"天台晓日"。南宋左丞相吴潜吟道："一莲峰簇万花红，百里春阳涤晓风，九华莲华一齐笑，天台人立宝光中。"

观日出之余，还可以饱览满山秀色。站在天台正顶，北眺长江如带，南望黄山如屏，俯视九华群峰，如海潮迭起，作层波巨浪，顿感豪气干云。故民谣曰："上九华不到天台，白流汗等于没来。"

前山的古刹，后山的绿，这就是佛国九华。

五方仙岳共朝宗——武当山

　　武当山，又名太和山，地处鄂西北丹江口市，它北通秦岭，南接巴山，绵亘起伏，纵横 400 千米，宋代大书法家米芾称其为"天下第一山"。至今，"第一山"的巨大石碑，仍然耸立在"元和宫"旁。明人盛誉武当山是"四大名山皆拱揖，五方仙岳共朝宗"的"五岳之冠"。武当山处于中国腹地，高险幽深，飞雪荡雾，山势磅礴处如飞龙走天际；灵秀处似玉女下凡来，被誉为"亘古无双胜境，天下第一仙山"。

武当山有 72 峰，主峰天柱，又名金顶，海拔 1612 米。在金顶俯瞰群峰，只见南岩峰峻秀挺拔，双笔峰苍翠欲滴，玉女峰亭亭玉立，望郎峰翘首企望，仙人峰云烟缥缈，展旗峰迎风欲动，诸峰又都微微向主峰倾斜，像是俯首朝拜主峰，这就是有名的"七十二峰朝大顶"的奇观。山中林木茂盛，又有岩、洞、泉、涧点缀其间，被明代地理学家徐霞客誉为"山峦清秀，风景奇幽"。这一超脱人间凡俗的天然景色，很早就成为崇尚自然、追求仙境的道教信徒的理想天地。

传说古时净乐国王太子真武 15 岁时就进武当修道，曾因意志不坚想下山归家，路见一老妇在井边磨铁杵，就问她要磨什么？老妇说："铁杵磨成针，功到自然成。"太子顿悟其道，立即返身入山修道，终于得道升天，成为道教的真武大帝。以后，武当山就成为道教名山，汉、晋、唐、宋、元、明各代均有著名道家上山修炼。明代道家张三丰在武当还创立了"武当拳术"，与少林武功齐名于世。

道教世界独幽深

武当山是中国唯一的一座纯粹的道教名山，敬奉"真武帝君"。武当山即由"非真武不足以当之"而得名，意谓武当乃中国道教敬奉的"玄天真武大帝"的发迹圣地。

"山不封不名"，自东汉道教诞生之后，历代帝王曾数次在武当举行封山仪式，武当山的声名日盛。隋唐时期，武当山逐渐发展成道教的仙山福地。唐贞观年间，武当军节度使姚简在武当山祈雨，唐太宗敕建五龙祠。唐末，武当山被列为道教七十二福地中第九福地。元朝末年，武当山上的古建筑大部分毁于兵乱。

明成祖时期武当山一度曾位列五岳之上，有"大岳"之称。明永乐年间，明成祖朱棣崇尚道教，加封武当山为"太岳太和山"，意为五岳之冠。役使民工 30 万，历时十余年，营建了从玄岳门到金顶长达 70 千米的"神道"，并建成了净乐宫、迎恩宫、玉虚宫、紫霄宫、南岩宫、玉龙宫、遇真宫、

太和宫、复真观、元和观等33座规模宏大的建筑群,建筑面积达160万平方米,整个武当山成为一座"真武道场"。形成9宫8观、30庵堂,72岩庙,39座桥梁,这在武当山史和中国历史上都是少见的。在建筑设计上充分利用了地形特点,每座宫观都建筑在峰、峦、坡、岩、洞之间,疏密相宜,各具特点,集中体现了我国古代建筑艺术的优秀传统。现存的主要建筑有金殿、紫霄宫、遇真宫、复真观等。

金殿外景

  天柱峰上的金殿是武当山上最著名的古迹,元代所造的金殿规模不大,在永乐年间被移到天柱峰侧的小莲峰上。永乐十四年,这里建造了一座更加精美壮丽的金殿,一直保存至今。

  千百年来,武当山作为道教福地、神仙居所,历朝历代慕名朝山进香、隐居修道者不计其数,历代著名道家,如汉朝阴长生、晋朝谢允、唐朝吕纯阳、宋朝寂然、元朝张守清、明朝张三丰等均在此修炼。张三丰结茅修道，创造了"武当拳术"，刚柔兼蓄，名扬海外，其奇幻莫测的神功，脍炙人口的传说，及所传道法、武当剑、太极拳均名扬天下。武当山武术以"内家功夫"而著称，是中国武术中与少林齐名的重要流派，誉为"北崇少林、南尊武当"。传说有的道士曾练成在万丈量崖上步履如飞的功夫，其卓绝处令人敬仰。

独此幽奇自不同

武当山景区 312 平方千米，分为玄岳门、太子坡、南岩、金顶、琼台和五龙 6 个景区。周围又有 72 峰、36 岩、24 涧、11 洞等胜景环绕，风光旖旎，气势宏伟。尤其是武当主峰天柱峰，海拔 1612 米，一峰独秀，直指云天，素以"一柱擎天"闻名天下。

武当山游览线长达百余千米，沿途群峰环立，千奇百怪，尽乎天巧；清泉飞瀑，变化无穷，鬼斧神工。云烟霏霏朦朦，林涛森森然然，山影飘飘摇摇，极尽宇宙声色之妙。武当山将山的雄奇与妩媚，水的流荡与静谧，雾的恬静与迷蒙，心态的高远与宽阔，凝聚成一种奇特景观，令人们心荡神迷。七十二峰凌耸九霄，且都俯身颔首，朝向主峰，宛如众星捧月，俨然"万山来朝"。元人有诗曰："七十二峰接天青，二十四涧水长鸣。"武当山天柱峰一带，山高谷深，溪涧纵横，身入其境，会有出世之感。武当山的

武当霁雪图

宫殿、道院亭台、楼阁等宏伟的古建筑群,遍布峰峦幽壑,历经千年,沐风雨而不蚀,迎雷电竟未损,似是岁月无痕,堪称人间奇绝。武当道乐"戛玉撞金,鸣丝吹竹,飘飘云端",但凡亲耳聆听者皆肃然起敬,尊之为"仙乐""梵音"。

神仙居所走一回

今天在武当山游览,还可见到不少保存完好的道观殿宇、牌坊亭阁,建筑工艺雄伟而精细,使人们深深感受到我国古代劳动人民的智慧和才能。武当山不愧是我国建筑艺术和文化遗产的宝库。

武当山的大门——玄岳门是一座高 20 米、宽 13 米的三间四柱五楼式的石牌坊,上有"治世玄岳"四字,气宇非凡,庄严威武,整个建筑均用石凿榫卯而成,雕工精美,有很高的艺术价值。从玄岳门到金顶的"神道"都用青石板铺成。

进玄岳门一千米即到遇真宫。周围高山环抱，神道两旁巨柏森森，张三丰曾在此结庵修炼。内塑张三丰鎏金铜像，风姿飘逸，神态潇洒，栩栩如生，是珍贵的艺术品。

出遇真宫前行，就是具有神奇色彩的磨针井。殿前有两根碗口粗的铁针，乌黑发亮。殿旁井亭内，保存着一座栩栩如生的姥母磨针像，"铁杵磨针"的故事，代代流传，磨针井也名贯古今。

复真观依山势建造，整个建筑起伏曲折，富有变化。右侧有一五层高阁，一根柱子支撑着12根横梁，被称为"一柱十二梁"，结构巧妙奇特，技术精湛，历经几百年风雨，至今仍然挺立，是我国古代建筑的一大奇迹。最高处为太子殿，站殿前，纵目远眺，只见群山苍翠，峰峦逶迤起伏，险峻幽深，陡崖深谷相对，地势十分险要。水磨河、剑河左环右绕，涧水潺潺流过。远眺金顶，直插云霄，金碧辉煌，气象万千。

跨剑河桥，攀越上下十八盘的千级石坎，展现眼前的便是规模宏大的紫霄宫。这是武当山保存最完整的宫殿之一。紫霄宫背靠展旗峰，面对照壁峰。展旗峰石色赤灰，犹如一面迎风舞动的大旗，极其雄伟壮观。周围岗峦天然形成一把宝椅，紫霄宫处于宝椅正中，明永乐皇帝称之为"紫霄福地"。大殿楼阁飞檐，雕梁画栋，各种雕像形象逼真；屋脊上排列着各种铜质、铁质的飞禽怪兽，极为生动。殿内有真武祖师的铜塑座像，高3米多，手法细腻，庄严威武。殿前碑亭内，有两座巨大的鳌碑，高达10米，重达百吨，用整块巨石雕成，龟甲、龟腹有明显的质感，龟头和四肢都表现出负重着立的形状，具有很高的艺术价值。

南岩是武当山36岩中风景最美的一岩。南岩宫是一座石殿，建于悬崖绝壁之上。建筑群因山就势自由灵活地延展，上接碧霄，下临深涧，仰观危崖摩天，俯视峭壁千丈，故有"路入南崖景更幽"之誉。石殿前有一浮雕云龙的天然石梁，悬空伸出约2.9米，下临万丈深渊，顶端置小香炉，遥对金顶。南岩宫山崖峻峭，涧深千丈，苍松挺秀，视野开阔，自然景观壮丽非凡。进入秋季，那层峦叠嶂的经霜红叶，若红云，似朝霞；远山的飞流瀑布，一条条，一线线，似玉带，像银练。更有一种武当山特有的珍奇音乐鸟，啼声婉转动听，在深山空谷中回荡。小坐在路旁的岩石上，屏住呼吸，静静地欣赏美妙动听的鸟类音乐会，聆听来自大自然的动人乐章，疲乏顿消。

自南岩以上，山势越来越高峻，林木越来越茂密，山道越来越陡峭，风景也越来越优美。一路上，森林茂密，庙宇隐现，山岩陡峭，溪水潺潺，路湿苔滑，步步维艰。穿行于大片大片的古柏苍松的大森林里，阳光透过

武当山玄武（龟蛇）铜像

茂密的森林，空气中飘浮着草木的清香，沁人心脾。森林、阳光、空气，都是碧绿碧绿的，使人产生一种在绿色海洋中潜游的感觉。仰望金顶，头顶上一座长达三里的石砌皇城，四门矗立，临崖危立。金顶面积不大，拔空削立，旁无依附，真是一柱擎天。金殿雄踞高山之巅，闪动着灿灿金光。再登九曲回肠，九连磴，攀千年铁索，便到达天柱峰极顶。

天柱峰高 1600 米，金碧辉煌、璀璨无比的金殿，就建在这里。它是武当古建筑的精华，可谓举世无双。站在峰顶，凭栏远眺，天地顿时无比开阔，方圆数百里的武当圣景尽收眼底。晴朗之日，"七十二峰朝大顶，二十四涧水长流"的奇观一览无余。众峰千姿百态，峰峰俯身颔首，朝向天柱峰；滔滔汉江如一条迎风舞动的飘带隐现于雾霭之中，美丽的丹江水库碧波如镜。

武当山风景兼泰山之伟、黄山之奇、雁荡之幽，北宋大书画家米芾将之誉为"天下第一山"，确实值得一游。

武当山道教宫观建筑大事年表

朝代年号	公元	名称	大事记
贞观年间	627—649 年	五龙祠	武当吏姚简到武当山祈雨,于灵应峰下建五龙祠。
宋真宗时	998—1022 年	五龙观	宋真宗时改祠为观,称"五龙灵应之观",废于靖康之祸。
宋宣和年间	1119—1125 年	紫霄宫	创建紫霄宫。
元至延祐年间	1264—1320 年	五龙宫	元至元二十三年修五龙观,敕额"五龙灵应宫"。
		天乙真庆万寿宫	元初道士张守渭公建南岩庙宇。
元大德十一年	1307 年	铜殿	武昌路梅亭山炉主万王大铸铜殿一座,运至天柱峰,明永乐十三年移置太和宫前小莲峰转展殿内。
元泰定元年	1324 年	玉虚岩	道士彭明法建玉虚岩正殿三间,现存建筑为清同治年间遗构。
明永乐十一年至嘉靖三十二年	1413—1553 年	玉虚岩	建东、西、北天门,殿堂楼阁为楹 534 间,嘉靖三十二年重修扩建。清乾隆十年(1745 年)毁于火,现仅存宫门、碑亭、城垣及中轴线遗址。
		紫霄宫	建殿宇,道房 160 间,嘉靖三十二年扩建,为楹 860 间。
		五龙宫	建殿宇,楼阁 215 间,嘉靖三十二年扩建,为楹 850 间,20 世纪 40 年代毁,现存遗址。
		南岩宫	在天乙真庆宫故址建殿宇 150 间,明嘉靖扩建,清末大部分建筑毁坏。
		朝天宫	建殿宇 170 间,清末毁坏,1991 年修复。
明永乐十一年	1413 年	复真观	落成时殿宇 29 间,嘉靖三十二年扩建。
明永乐十一年	1413 年	元和观	落成时殿宇 44 间,嘉靖三十二年以后曾扩建,现仅存房舍 37 间。
		回龙观	落成时殿宇 14 间,清代增建,1975 年毁于火灾,仅存遗址。
明永乐十四年	1416 年	太和宫	落成时殿宇有 78 间,嘉靖三十二年扩建。

		金殿	建金殿于天柱峰,清康熙年间建签房、印房,民国建父母殿。
明永乐十六年	1418 年	津乐宫	建成时殿宇 197 间,嘉靖三十二年扩建,清康熙二十八年遭火灾,三十年修复。
明永乐十六年	1418 年	遇真宫	在张三丰草庵故址重修,嘉靖三十二年扩建。
明永乐二十一年	1423 年	紫禁城	在天柱峰山腰建紫禁城。
明成化十七年	1481 年	迎恩宫	在关帝庙旧址建迎恩观,十九年改观为宫。
明嘉靖三十一年	1552 年	玄岳山	在武当山北麓峪口建四柱三间五楼牌坊。
清康熙二十一年至六十年	1682—1721 年	蹬道	维修朝天宫至朝圣门蹬道及七星树一带险径。
清咸丰二年	1852 年	磨针井	咸丰二年重建磨针井并于东神道旁。
	1949—1995 年		1949 年后对各宫观进行小型维修,1980 年至 1995 年对磨针井、泰山观、复真观、天津桥、紫霄宫、南岩宫、太和宫及蹬道进行全面维修。

飞峙江边匡庐秀——庐山

望庐山瀑布

李 白

日照香炉生紫烟，

遥看瀑布挂前川。

飞流直下三千尺，

疑是银河落九天。

长江南岸、鄱阳湖之滨、江西九江之南，千古名山庐山峻然孑立。高峰、峭崖、趣云、花树、秀水、怪石，加之蕴涵其间的人文风貌，使庐山成为长江沿岸的一颗明珠。1996年，联合国教科文组织将庐山作为"世界文化景观"列入《世界遗产名录》，庐山跻身世界级名山之列。

被唐代大诗人白居易盛誉为"匡庐奇秀甲天下"的庐山,雄峙于长江南岸、鄱阳湖畔,北距九江市仅30多千米。远望庐山,势如九天飞来,突立于长江中游坦荡的平原之上,气吞长江,影落鄱湖,重山叠岭,时而被云雾缭绕,使得山形变幻莫测。

传说殷周时期,有匡俗兄弟七人隐居于庐山之中,后来得道成仙,所以庐山又有匡山、匡庐之称。西汉时期的司马迁在《史记》中就已记载:"余南登庐山,观禹疏九江",可见庐山早有盛名了。在古代,人们坐船沿长江上下,或从鄱阳湖进出,都能一眼望见这座大山,因此历代文人名士纷纷前来探奇寻幽,留下歌颂庐山的诗词竟达几千首,使庐山不仅以风景奇秀著称,而且又以绚烂的文化名扬天下。

庐山平地拔起,四壁陡立。尤其在鄱阳湖畔仰视五老峰,悬崖万丈,令人望而生畏。顶峰嵯峨,酷似五个老人并肩而坐,李白为此写下了"庐山东南五老峰,青天削出金芙蓉"的诗句。原来,庐山是一座断块山,亿万年以来一直不断上升,而东侧则下陷为鄱阳湖。庐山上断裂纵横、峰谷相间,真是"横看成岭侧成峰,远近高低各不同"。在绝壁陡崖之上,悬垂着许多瀑布。最为著名的是山南秀峰的开先瀑,从香炉峰上叠落几百米,流至青玉峡,直奔龙潭。李白名诗:"日照香炉生紫烟,遥看瀑布挂前川。飞流直下三千尺,疑是银河落九天",更使开先瀑扬名于世。然而庐山的瀑布中又以三叠泉最为壮观。三叠泉水势浩大,分三级叠落,气势磅礴。上叠"如飘雪拖练",高20米,二叠"如碎玉推冰",高40米,下叠"如玉龙走潭",高60米。观瀑者仰视三叠泉,只见抱珠溅玉,九天飞洒,声响如雷,面对面说话,只见开口,不闻其声。"匡庐瀑布,首推三叠",故有"未到三叠泉,不算庐山客"之说。除此以外,还有石门涧瀑布、王家坡双瀑、玉渊瀑布和黄龙潭、乌龙潭等名瀑,点缀在庐山上下,使得"匡庐飞瀑"与"雁荡龙湫""黄山石笋"并列为天下三奇。

千古名山溢文采

庐山是中国著名的佛教名山之一。有海会、秀峰、万杉、栖贤、归宗"五大丛林"和西林、东林、大林"三大名寺"，世代相袭，毁而复建，被历代统治者视为"灵山"。庐山西北麓的东林寺，为中国佛教净土宗发祥地。东晋太元年间，名僧慧远在此建寺讲学，后世推尊他为净土宗始祖。一千多年来，东林寺在国内外佛教界影响颇大。东林寺有神运殿、三笑堂、护法殿，出木池、聪明泉。虎溪桥等胜迹，以及唐经幢、护法力士等文物，还有李白、白居易、柳公权、陆游、岳飞、王阳明等名人的碑刻。三笑堂前有对联曰："桥跨虎溪，三教三源流，三人三笑话；莲开僧舍，一花一世界，一叶一如来。"

中国历代许多文人学者都曾到庐山游历或隐居，从汉代到清代，登山的名流达500余人，留下4000多首诗歌与大量著作。其中有司马迁、陶渊明、谢灵运、王羲之、李白、白居易、韩愈、孟浩然、苏东坡、欧阳修、王安石、周敦颐、陆九渊、岳飞、朱熹、赵孟頫、王阳明、李时珍、徐霞客、唐伯虎等。陶渊明生于庐山，长于庐山，隐于庐山，终于庐山，葬于庐山，他采庐山自然灵气于笔端，开中国田园诗之先河，写出了《归去来兮辞》《归园田居》等名篇佳作。李白至少五上庐山，赞美说："真乃天下之壮观也。"白居易，踏遍庐山，留下70多首诗作，发出"匡庐奇秀甲天下"的赞叹。岳飞曾在庐山游历，后将其母葬于庐山。李时珍曾带着学生来庐山采药、考察。徐霞客在庐山考察了六天，对一山一水，均寻其源探其脉。

在庐山东南麓，五老峰下山谷中，有著名的白鹿洞书院。宋初，与嵩阳、石鼓、岳麓并称"天下四大书院"。朱熹、陆九渊、王阳明都先后到此讲学。白鹿洞书院成为宋末至清初几百年"讲学式"书院的楷模和学术文化中心之一，在中国文化教育史上占有重要地位，故有"庐山古迹以百数，惟白鹿洞最胜"的称誉。白鹿洞书院最盛时，有360余间建筑，今尚存礼圣殿、御书阁、明伦堂等。书院中存有碑刻百余块，有朱熹所书"白鹿洞学规"及历次修建铭记、众多赞誉书院的诗文题词。而紫霞真人用蒲草书写的《游白鹿洞歌》，其诗风格跌宕不拘，书法飘逸有致，笔锋庄重遒劲，为庐山珍品之一。

白鹿洞、思贤台

白鹿洞书院位于五老峰的一个山谷中，是中国一个最早的高等学府。这里最早是唐代李渤、李涉兄弟隐居读书的地方，因李渤养一白鹿，故又被称为白鹿先生。李渤于825年任江州（今九江）刺史后，就在这里扩建书堂，名白鹿洞。到了宋初，被扩为白鹿洞书院。

横看成岭侧成峰

庐山有90余座山峰，南北长约25千米、东西约10千米，一般海拔在一千米以上。庐山山峰的特色正如苏轼所说："横看成岭侧成峰，远近高低各不同。"

匡庐瀑布图轴　明　谢时臣　绢本

　　此图描绘庐山香炉峰，青玉峡上的开先瀑布和开先寺的景色，是诗仙李白《望庐山瀑布》诗"日照香炉生紫烟，遥看瀑布挂前川。飞流直下三千尺，疑是银河落九天"的艺术写照。画中山间栈道上，有数人骑马而行，对岸重峦叠嶂，巨峰兀立，草木茂密，一飞瀑奔泻而下，远处云雾绕峰，江帆点点。整幅作品布局巧妙，气势雄秀，尽显庐山之美。

大汉阳峰是庐山的主峰，海拔 1474 米。远观大汉阳峰，恰如一顶硕大的华盖，巍然耸峙于天地之间。登上峰巅，远眺鄱阳湖水天浩荡，俯视山峦逶迤起伏，仰望苍穹透明而高远，一种肃穆之感溢满胸怀，令人不敢久视。

不识庐山真面目

只缘身在此山中

庐山诸峰中最令人称奇叫绝的当数五老峰。五老峰位于庐山东南部,海拔最高的达 1358 米。五峰峭拔,山峦绵延数里。从山麓海会寺仰视,就像五位老人连襟并坐,五老峰因此得名。五峰之中,三峰最险,峭壁千仞,下临绝壑。悬崖峭壁间有一古松根插石壁,枝指长空,刚劲虬雅,名"五老松",现此松称为"庐山松竹"。峰顶有"日近云低""俯视大千""星聚层峦""去天尺五"等石刻。四峰最高,登峰纵目,湖光烟水,江河交错,尽收眼底。这里也是庐山观鄱阳湖日出的最佳处。李白游观到此,吟出了"庐山东南五老峰,青天削出金芙蓉。九江秀色可揽结,吾将此地巢云松"的诗句。

龙首崖则是以"险"闻名。龙首崖位于大天池西南侧,循石级下行数百米可至崖顶。此崖下临绝涧、壁立千仞,系两块巨石构成,一块直立,深不见底,一块横卧其上,直插天池山腰,孤悬空中,酷似苍龙昂首,故称龙首崖。站在崖上俯视,松涛澎湃,怒流湍急,势如万马奔腾,令人魂飞魄散。相传明代心学大师王阳明曾瞻顾左右,躬身徐步直至崖端,俯视绝涧,继而转身返回,依然心境平静,传为佳话。

飞流直下三千尺

庐山的飞瀑流泉,素以奇、伟、幽、险闻名遐迩,有"匡庐瀑布誉满天下"之说。人们把庐山瀑布与泰山青松、华山摩岭、黄山云海、峨眉古寺并称为山川绝胜。"匡庐瀑布,首推三叠",三叠泉是庐山最负盛名的景观,有"不到三叠泉,不算庐山客"之说。泉水自大月山出,经过五老峰背,由北崖口悬注于大盘石上,又飞泻到二级大盘石,再喷洒至三级大盘石,形成三叠,故名"三叠泉",亦称三级泉、水帘泉。三叠各异其趣,一叠如云如絮,喷薄吞吐;二叠萦回作态,珠进玉碎;三叠双流竞泻,直下龙潭。三叠泉飞泻在九叠谷中,如一条白龙依岩狂舞,跌宕奔腾,水花水雾上下翻飞,轰鸣之声震耳欲聋,气势威壮,古人就有过"九层峭壁划青空,三叠名泉飞暮雨""寒入山谷吼千雪,派出银河轰万古"的赞叹。神奇的

庐山三叠泉

三叠泉长期隐藏荒山深壑，直到南宋时期才被人发现。遇上暮春初夏多雨季节，飞瀑凌空飞下，雷声轰鸣，令人叹为观止。

三叠泉，在不同的季节，展现不同的身姿和风采，有时温顺娇柔，有时豪爽奔放，有时显得粗犷，有时显得娴静，真是千姿百态，难描难画。

不识庐山真面目

苏东坡的名句"不识庐山真面目"成为庐山云雾的绝妙诠释。清代文人舒天香自称"云痴",于嘉庆九年(1804年)专程登庐山观云一百天,以赏云景之妙,以寄爱云痴情。飞渡的乱云、势若长空匹练的瀑布云、美丽壮观的云海,都令舒天香如醉如痴。在舒天香心目中,庐山云雾不仅是一种朦胧美、飘逸美、变幻美,而且已达到了这些美的最高境界——空灵。庐山云雾中最壮观的要算云海。庐山云海,其润如雪,其软如棉,其光如银,其阔如海;薄或如絮,厚或如毡,动或如烟,静或如练。庐山云海一年四季都可看见,尤以春秋两季为多。雨过天晴之时,站在大天池、小天池、含鄱口、五老峰一带俯瞰,只见万顷白云转眼间弥漫四合,汇成一片汪洋云海。茫茫云海,波涛起伏,青峰秀峦出没于云海之上,如同大海上的孤岛。夕阳映照下的云海景象更为动人,但见雨后的夕阳如同一轮火球,燃烧在云絮翻飞的银涛雪浪上,将层层云絮染上斑斓的色彩,微风吹拂,云絮荡漾,仿佛九天仙女手持彩练,当空飘舞;又如万朵芙蓉,频频绽放,红装素裹,流金溢彩。

庐山风光兼有雄、奇、险、秀的特色,徜徉其间,其乐无穷。

奇秀甲东南——武夷山

七律　武夷山行

丹山碧水武夷风，九曲溪环千翠峰。

独出天游悬白练，端庄玉女梦朦胧。

雨崖劲节闲云逸，岩骨花香禅那浓。

爱在笔端情未老，高吟夕照状哉翁。

　　武夷山位于福建省北部或夷山市境内，最高峰海拔 750 米，方圆 60 千米。称福建第一名山，有"奇秀甲东南"之誉。

在江西和福建两省交界处，绵延着一列长500多千米的武夷山脉，其中最为著名的风景区位于山脉北段、崇安县以南，称为"小武夷"。小武夷风景区方圆60千米，这里山环水绕，山水风光以奇秀、幽深、精巧取胜。素有"三三秀水清如玉，六六奇峰翠插天"之说。"三三水"是指萦绕群峰之间的九曲溪，"六六峰"是指溪畔姿态各异的三十六峰，还有九十九奇岩，故合称为"三三六六九九"。九曲溪清澈见底，江水碧澄，群峰都为红色砂砾岩构成，碧水丹岩相衬，如同一个巨大的天然山水盆景。小武夷的群峰除大王峰海拔530米外，几乎没有超过500米的，但山形奇特，处处有险峰。垂直的陡壁四立，威武的大王峰，耸立于河谷平原之上，显得十分高大，山峰腰小顶大，如同一位头戴纱帽的大王。四周崖壁如削，只有沿峰南一条裂缝中的百丈危梯，才可到达峰巅，真是"万丈危峰倚碧空，丹梯历尽境无穷"。大王峰对岸的玉女峰却亭亭伫立，岩壁秀润光滑，峰顶草木葱茏，如同头上插花髻发、玉石雕就的美女，正在含情顾盼。有人写下这样的诗句："插花临水一奇峰，玉骨冰肌处女容。"这里还流传着这样一个动人的神话故事：大王和玉女原是天上神仙，他俩偷偷相恋。玉女因羡慕人间春色，下凡来到武夷，大王也紧跟其后。可是，可恶的铁板鬼向玉皇大帝告密，受命跟踪并要他俩立即返回天上。玉女和大王坚决不肯，铁板鬼施展魔法将大王和玉女化作两座山峰，自己也化作一峰，叫铁板嶂，死皮赖脸地站立在大王和玉女两峰之间。这座铁板嶂果真面目狰狞，峰顶斜覆一块巨岩，凌空伸出，到处危壁奇岩，形状奇特。

小武夷的山水配合巧妙，山得水而活，水倚山而秀。九曲溪在三十六峰之间急转九个弯，从武夷宫的一曲到星村九曲，共长7.5千米，宽处100米，窄处仅20几米。人们在九曲溪中乘坐竹排，仿佛贴水而坐。竹排如同游鱼，无声地贴着绿莹莹的水面向前滑去，时而左拐，时而右转。两岸群峰壁立，沿途可从各个不同的角度观赏风貌迥异的山形，变幻无穷。江面狭窄之处，仰望峰顶竟要躺卧竹排中，可见其穿壁遮天的壮丽景象。真是："十里之近，九曲之内，变幻四出，姿态横生，或连脊异形，或一山两状。"游客乘坐竹排游于九曲,时而搽底而过,时而漂临深潭,水缓处平静如镜,水急处激浪飞流,两岸峰峦倒影,"曲曲山回转,峰峰水抱流",无不让人感到赏心悦目,沉醉在武夷的山水美景之中。

翰墨书香武夷缘

早在新石器时代,古越人便在这里居住。留下了"架壑船""虹板桥""仙石矶"等遗物。"虹板桥"是用来支架船棺时作栈道用的木板,其中以小藏峰架壑船凌空悬架最为壮观。据《武夷山志》载,商朝末年,我国古代传说的长寿人物彭祖曾来到武夷,并隐居在幔亭峰下。

朱熹紫阳故居

武夷山是朱子理学的摇篮,是世界研究朱子理学乃至东方文化的基地。

秦汉以来,武夷山逐渐成为方士羽客理想的栖息之地。他们先后在山中建起了道院庵堂。鼓子峰岩上,有唐人所建石鼓道院旧址。小仰半壁有碧霄洞,洞壁刻有"武夷最高处",洞旁有井,相传为宋代道士白玉蟾炼丹之处。峰顶还有宋人投递"金龙玉简"的投龙洞，有宋朝升真观遗址。

宋时，武夷山受到皇帝的特别尊重，下旨扩建武夷宫，修建止止庵。当时许多著名理学家卜居山中，聚徒讲学，倡道于东南，成为"三朝理学驻足之地"，今天山中尚存武夷宫、止止庵、武夷精舍等旧址。

武夷宫又名冲佑观，是武夷山最古老的一座宫观，已有千余年历史，供奉武夷山神武真君。据《史记·封禅书》载："古者祀武夷宫用乾鱼。"可见当时已有供奉。后南唐于今址修建"会仙观"，到宋祥符二年（1009年）扩建为一组富丽堂皇的宫观建筑群，屋宇达300多间，成为当时的全国名观之一，有"名山巨构"之称，观中设有提举一职，辛弃疾、陆游、朱熹都曾提举冲佑观，也因这冲佑观与武夷山结下了不解之缘，并留下无数华章。辛弃疾虽三次提举冲佑观，但志在戎马报国，只留下了"平日气吞云梦泽，暮年缘在武夷君"的诗句，而"与世相望竹""闭门读书"的朱熹却留下了影响深远的武夷精舍。

"武夷精舍"创建于淳熙七年，由朱熹亲自筹划营建。初建时有仁智

武夷放棹图轴地　元　方从义

堂、隐求寺、晚对亭、铁笛寺等，人称"武夷之巨观"。武夷精舍开办后，四方学者纷纷慕名而来，其中包括一些名噪一时的理学家，他们以"继志传道"为己任，在九曲溪沿岸择地筑室，读书讲学，一时间，武夷山成为"东南理窟"，文安则为"闽邦邹鲁"，朱熹所创学派则为闽学。后朱子哲学钦定为官方正统哲学，武夷精舍也备受重视，历代都加以修葺、增建，由官方拨给公田以供养学者，朱熹也被奉为大贤，抬进孔庙宗祠，位列"十哲"之次。

永乐禅寺大雄宝殿

　　永乐禅寺是武夷山最大的寺庙，位于天心岩上。初建时因其处于武夷山景区中心而称"山心永乐庵"，明朝改名"天心庵"，清朝康熙年间改"天心永乐禅寺"，蕴藏着禅语"天心明月"的深刻含义。禅寺地处风景清幽之处，四周苍松参天，殿后五座形同巨象的岩石都面朝禅寺，被誉为"五象朝圣"。

　　武夷山最大的寺院是永乐禅寺。此寺前身为山心永乐庵，明嘉靖七年（1528年）改为"天心庵"，原为道教寺院，后为禅客所占，改为"永乐禅寺"。寺院规模宏伟，楼阁轩昂，松竹掩映，环境清幽，游人多在此投宿。

山北的名胜古迹几乎都荟萃在它的周围。

武夷山的茶文化也值得称道，武夷岩茶自宋代开始成为贡茶，元大德六年（1302 年）创建御茶园，规模宏大，前有仁风门，中有拜发殿、清神堂，四周有思敬、焙芳、宜寂和浮光四亭，还有碧云桥、道仙井等，盛极一时。那时御茶园很受重视，每年惊蛰，历任崇安县令都要亲往祭祀山神，在喊山台上举行喊山仪式，祈求茶丰收。

山水和谐融一体

武夷山风景区处于武夷山东坡，东面依靠崇溪，溪谷蜿蜒，奇峰相连，松竹清秀，流泉飞涧，有 36 峰，99 岩，72 洞，108 景，集中在九曲溪沿岸和北山一带。

和其他名山相比，武夷山动人之处即在于山水的和谐一体。清代丁耀日曾评说："他山，山山水水各为一区，此则石根、石笋各浸水中，看山不用杖而用舟……"山依溪而列，水绕山而流。形成山水合一的胜境。"曲曲山回转，峰峰水抱流"，九曲溪则是武夷山山水合一的完美体现。

九曲溪源自三保山，经星林入武夷，盘桓山中约 8 千米。折为九曲。一般以武夷宫到晴川为一曲，浴香潭以北为二曲，雷磕滩上下为三曲，卧龙潭至古锥滩为四曲，平林渡为五曲，老鸦潭为六曲，獭口滩为七曲，芙蓉滩为八曲，过浅滩为九曲。"曲曲各幽奇，别具山水理"，溪水忽而低吟浅唱，忽而转入碧潭，波平如镜，两岸千峰倒影，或逼临溪畔，或退避山隅，或拨水而起，或斜插水面……游人置身其中，如同步入一幅各具神韵又浑然和谐的山水画卷。当年朱熹游至此处，诗兴大发，写下著名的《九曲棹歌》。

一曲畅旷豁达。九曲溪在此汇合了崇阳溪向南流去。北岸大王峰麓的武夷宫始建于唐朝天宝年间，是一所道观，宋代陆游、辛弃疾、朱熹等曾先后在此主管观事。传说唐尧时代这里洪水泛滥，彭武和彭夷兄弟

九曲溪

　　　　曲折萦回的九曲溪贯穿于丹崖群之间，山绕水转，水贯山行。乘上古朴的竹筏荡入山光水色之中，有如漫步奇幻百出的山水画廊，丹山、碧水、绿树、蓝天、白云相映成趣。

俩在此开山挖河，疏通九溪，所以有了"武夷山"一名。武夷宫是为纪念彭武、彭夷兄弟治水有功而筑。一曲可眺望大王峰、铁板嶂等奇峰全景。

　　二曲幽谷丹崖，群峰环抱，玉女峰临水插花，飘飘欲仙。奇妙玲珑的"印石""香梳石"等巧石点缀在玉女峰周围。峰右一块浑圆的岩石，是玉女的"梳妆台"，上刻"镜台"两字，有5丈多宽，是武夷山上最大的石刻。九曲溪在此汇流成潭，传说是玉女沐浴之处，取名"香潭"。

　　三曲有虹板桥奇观。溪畔小藏峰的悬崖之上，离江面100多米之处，有两具完整的悬棺，凌空架在几块木板上，半插入壁缝，半悬挂空中。这些作为支架的木板称为"虹板桥"，船形的悬棺称作为"架壑船"。据考证，这是约3400年前的遗物。当时是用什么方法将这重约千斤的木棺安放到悬崖绝壁之上，至今还是一个神秘的古葬之谜。

　　四曲位于大藏峰下，这里有一泓碧水，称为卧龙潭，山花倒影，平静如镜。仙钓台临溪而立，许多青藤下垂，如仙老垂钓。大藏峰对岸是宋代皇家亲园的遗址。这里的石乳茶很早就是贡品,被称为茶中之王。

五曲深幽奇险,水流平缓,丹岩翠碧,林木环拥。隐屏峰与玉华峰相峙而立,山色空蒙,风姿独秀。隐屏峰下有朱熹讲学 10 年之久的紫阳书院,又称"武夷精舍"。书院各处石壁上留下许多著名文人的手迹。

六曲的接笋峰,峰上一巧石如雨后春笋,但有两道横裂,似断又接,所以叫接笋峰。峰下有"铁象石"和"伏虎石",均以形取名。在此弃舟登岸可进入被群峰深锁的"茶洞"。这个茶洞实际上是由悬崖绝壁围成的山间小盆地,约六七亩大小,形如巨井。这里茶丛簇布,翠竹古木成荫,山泉从绝壁中涌出,汇成小涧流入九曲溪之中。茶洞四周石壁上留下很多古人墨迹。沿茶洞向上,越 900 级台阶,可到天游峰巅。天游峰位居九曲之中,被誉为武夷山第一胜地。在此只见一峰高耸,众山低伏,九曲风光尽收眼底。从天游望仙掌峰,像一道巨大的屏障,长数百米。峰壁上因流水侵蚀成凹痕,如同仙人巨掌的指樱再向西行,穿过巨石相倚的石门,可以到达小桃源。其风光如同陶渊明的《桃花源记》中所述一样。若是春暖时节,此处油菜吐黄,桃花争艳,流水潺潺,禽鸟鸣啭,一片恬静的田园风光。

从六曲到七曲,峰回溪转,水声大作,微波细浪变成奔流的急流和旋涡,竹排绕礁石而过,转眼来到最高的三仰峰下。三仰峰高 700 多米,东陡西缓,向一侧倾斜,从竹排上仰望有压顶盖天之势。从峰麓可以登上峰巅,远望群峰座座翘首向东,正在参拜大王峰。

八曲在芙蓉滩上,滩高水急,溪畔有"牛角""石蛙",彭楼岩下,还有"上水狮""下水龟"等巧石。过狮子峰,有白云岩,此处离九曲的尽头星村已经不远了。

九曲豁然开朗。星村镇是风光秀丽、物产富饶的好地方。古人有诗云:"九曲舟行忽豁然,名山阅尽到乎川,齐云亭下星村渡,鸡犬桑麻又一天。"乘竹排游九曲,犹如漫步在美丽的画廊之间,绝妙的山水佳作,一幅又一幅地迎面而来,令人应接不暇。游罢九曲,来到小武夷北山观赏奇峰异洞,同样令人兴奋不已。

北山一带风景迥异,山洞纵横,飞瀑流注,有天心岩、水帘洞等胜迹。

天心岩,山上苍松翠竹,山下有武夷山最大的寺院——永乐禅寺,这里几乎荟萃了山北所有的名胜古迹。

天心岩之东有杜辖岩,空谷幽深,历来为人们遁迹之所。相传最早为杜氏和葛氏之女在此修炼,故名杜葛岩,后万历年间司丞吴中立结庐静修于此,易名杜辖,取其门径幽曲,车马不至之意。杜辖岩四周林木环绕,形如城堡。从巨石垒叠的石门进去,见千仞悬崖嵌空而出,下覆一片谷地,风雨不侵,小楼一幢,桃树几株,清泉一泓,幽雅宜人,此为下洞——会仙洞。在古木蔽日、流泉淙淙中,又见一洞,内有石几、石凳、石棋盘等,此为上洞——小有洞。上洞峻绝轩朗,下洞平坦幽深,而又处于同一岩中。真是"萧然车马绝,鸡犬亦成仙"。

武夷山溪涧之水大都由东往西流入崇溪,在天心岩北麓却有一涧由东南倒流山中,谓之倒水坑,又名流香涧,这里山花灿烂,野藤垂蔓,一湾清水从花木深处倾流而出,水底游鱼,历历可数。溪涧两旁满生兰草,幽香缕缕。

随着流香涧往北而行,只见危崖夹涧而立,岩石犬牙交错,此处涧水缓流,寒气袭人,虽盛夏时节,亦感凉风习习,更有岩滴滴落水中,颇有凉意。

章台涧是武夷山最长的山涧。从章台岩蜿蜒而来,汇合流香、流云诸涧之水,全长十几里,横贯山北,一路上奇岩怪石,流泉飞瀑,以崖壁作屏,以花木为栏。在章台岩,一道瀑布从岩顶飞泻而下,滚珠断玉,声如雷鸣,震动山谷。慧苑寺白墙藏于松竹绿荫深处,涧水从南墙下流过,涧上横跨有小桥,这"小桥、流水、禅寺",更添几分幽静。

穿过章台涧往前行,便来到水帘洞。水帘洞为武夷山最大的岩洞,上凸下凹,宽高各数十丈,洞里宽敞明亮,可容千余人。洞外两股飞泉自万仞危岩凌空泻下,泉清如练,微风吹拂,似流苏轻飘,又似彩袖飞舞,咏唱者颇多,留下了"今古晴檐终日雨,春花秋月一帘珠""水帘千丈垂丹壑,晴雪长年舞翠檐,赤壁千仞晴拂雨,那株万颗詹垂帘"等诸多题刻。水帘洞中建有三贤祠,奉祀刘子翠、朱熹和刘甫的神像。

　　没有了山,水便少了几分奇秀;没有了水,山便少了几分轻灵,武夷山的山水即是这世间山水结合的最完美体现。

山在虚无缥缈间——麦积山

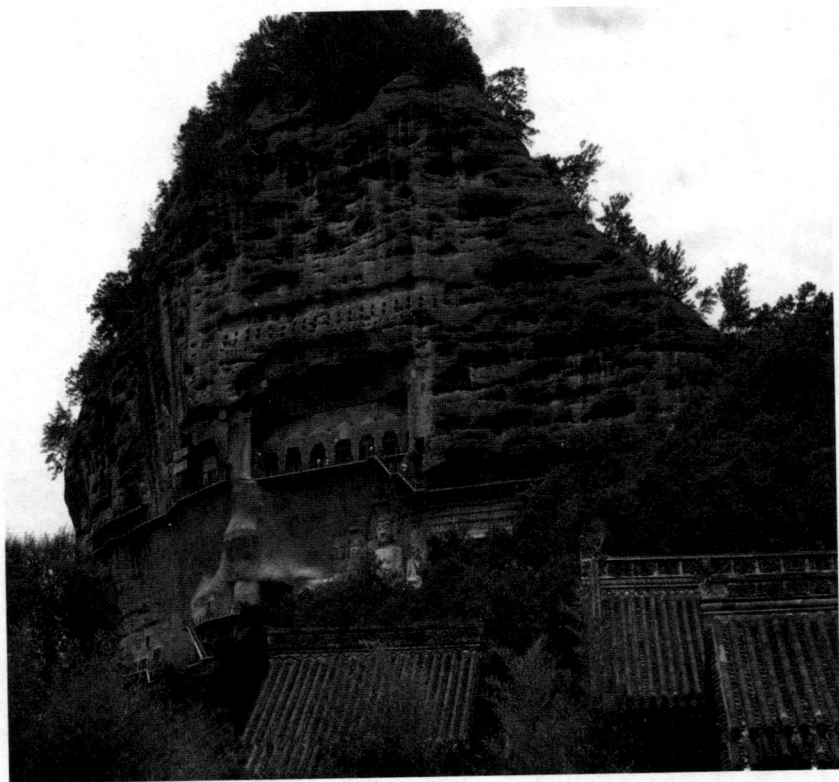

  麦积山又叫麦积崖,位于甘肃天水市麦积乡南侧,是西秦岭山脉北支小陇山前山区的孤峰,相对高度 142 米。峰顶呈圆锥状,因形如麦垛而得名。这里群峰耸峙,飞瀑流泉,山清水秀,是风光绝美之地,被誉为"秦地林泉之冠"。天水地处甘肃东南部,东接关中,南控巴蜀,西倚甘南,枕山带河,进可攻,退可守,自古为兵家必争之地,夏商之际,地属雍州,汉武帝时置为天水郡,三国时,曹魏又在此置秦州,是丝绸之路上的重镇。

公元四、五世纪，随着佛教在我国的传播，石窟艺术日渐兴盛起来。坐落在著名的"丝绸之路"上的麦积山石窟，与敦煌莫高窟、大同云冈窟、洛阳龙门窟并驾齐名为我国的四大佛教石窟，成为闻名世界的艺术宝库。

麦积山既有峰峦雄伟的西北风光，又有密林清泉的江南秀色，名胜众多，古迹遍布，成为我国西北最著名的旅游区之一。

从天水市到麦积山之间要路经街亭古镇。据传这里就是三国时蜀汉名将马谡战败之地，《失街亭》就是根据这一事件编成的一出京剧。杜甫亦在此住过几年，写下《秦州杂诗》20 首流传后世，现在还有草堂遗址。街亭镇以东不远还有一处温泉，隐匿在深山峡谷之中，现也成为一处疗养胜地。

早在公元 348—417 年间，就有人在麦积山上凿石为龛，塑造佛像。以后历经南北朝、隋、唐、五代十国、宋、元、明、清各代，都有人在此塑造佛像，前后达 1500 多年，终于建成了仅次于敦煌的我国第二大石窟群，如同一颗佛国明珠。麦积山石窟的惊险陡峻，在我国的各处石窟中是罕见的。石窟开凿在距山脚几十米高的垂直石壁上，大的宽 30 米，小的仅容一身，层层相叠，上下错落，密如蜂房，洋洋大观。洞窟之外，全靠架设在崖壁上的凌空栈道连接。人们攀上这蜿蜒曲折的栈道，须小心行走，不敢回顾，既觉惊恐，又觉奇妙，无不为我们祖先这种独具匠心和大胆的设计而由衷地感到敬佩。古诗称赞说："其青云之半，峭壁之间，镌石成佛，万龛千窟，虽自人力，疑是神工。"当地有"砍完南山柴，修起麦积崖"、"先有万丈柴，后有麦积崖"等民谚，可以想象当年修筑石窟的工程之浩大与艰巨。

佛教圣地　麦积石窟

麦积山处于青山环抱之中，清静优美，佛家遂在此地开凿龛窟。

麦积石窟创建于十六国后秦时期(约 384 年),大兴于北魏明元帝与太武帝时期,孝文帝太和元年(477 年)后又有发展。西魏文帝大统元年(535 年)再修崖阁,重兴寺院。西魏文帝原配乙弗皇后就在此削发为尼,死后"凿麦积山崖为龛而葬"。北周武帝保定—天和年间(561—572 年),秦州大都督李允信为亡父造七佛阁,为我国典型的汉式崖阁建筑。隋文帝时期于七佛阁下泥塑高达 15 米的摩崖大佛三尊,体态庄严,面孔慈祥,已有近 1400 年的历史,为麦积山最大雕像。隋文帝仁寿元年(601 年),文帝亲诏在麦积山建塔"敕葬神尼舍利"。后经唐、五代十国、宋、元、明、清各代不断开凿修建,遂成为我国著名的大型石窟群之一。

唐开元二十二年(734 年)天水一带发生大地震,崖面中部塌毁,分窟群为东崖和西崖两部分,即五代时所谓东阁和西阁。东崖以涅槃窟、千佛廊、散花楼、上七佛阁、中七佛阁和牛儿堂等最为重要,规模宏大;西崖共 140 窟,最重要的三大窟中以万佛堂最大,天堂洞次之,127 号窟最小,皆开凿于 6 世纪。现存实物中以北魏、西魏、北周和隋代的窟龛数目和造像最多。北魏应为麦积山石窟开窟造像的最高峰,现存北魏窟龛 80 余个,几乎占全部窟龛总数的 1/2。石窟高峻惊险,凌空凿于 20 到 80 米的悬崖峭壁上,星罗棋布,层层相叠。有崖阁、摩崖窟、摩崖龛、山楼、走廊及不同类型的窟形与窟龛等,是研究中外文化交流和古代政治、经济、文化、宗教及建筑结构演变发展的重要依据。

麦积山石窟是中国四大石窟之一,是全国著名的佛教圣地。石窟以精美泥塑艺术著称于世。麦积山岩石疏松,不宜精雕细琢,古人便以泥塑和壁画的艺术形式展示佛教内容,遂使麦积山成为一座塑像宝库,享有"东方塑像馆"的美誉。这些塑像虽为泥制,却坚如岩石,裸露在潮湿的山林中,经历了千年风雨,亦未破裂。现存窟龛 194 个,塑像 7800 身;壁画 1100 平方米,仅占原有壁画 3/10。石窟还有少量石刻像和像碑,反映出中国历代雕塑艺术特点。

麦积山下的古村落

　　麦积山景区自古有"秦地林泉之冠"的美称,景区松竹丛生,清流遍地,山峦叠翠。春季一片苍翠,夏日山花烂漫,秋来白云红叶,冬天玉树琼枝,颇有四季皆景的南国风光。

　　石窟内的泥塑多为与佛有关的佛祖、菩萨、天王、力士等,姿态不同,神情各异,展示了不同的内心世界和各自的性格。有的眉头紧锁,有的交头接耳,有的窃窃私语,有的沉默寡言,有的庄严肃穆,有的和蔼可亲,有的怒目而视……各个栩栩如生。这些塑像制成于 4—19 世纪,各具风格。后秦的古朴,两魏的清秀,北周的圆润,隋代的丰满,唐代的华丽,宋代的纤巧,明代的细腻,清代的则颇为世俗。简直是一部我国古代雕塑风格演变史。其中也反映了中外文化交融的印迹。壁画以优美生动的艺术形象,展示了精湛熟练的技巧与古代中原的画风,具有极高的艺术水平。麦积山石窟是雕塑艺术的博物馆,为研究中国文化艺术、科学技术提供了宝贵的实物资料。

麦积山西崖窟群

麦积山石窟西崖共 140 窟,最重要的三大窟以万佛堂最大、天堂洞次之、127 号窟最小。

步步险峻石窟游

　　走进山门,古瑞应寺门楼的匾额上,是郭沫若手书的"麦积山石窟"五个遒劲的大字。仰望麦积山,只见石窟遍布,层层叠叠,如蜂窝高低错落。石窟之间有栈道天梯相连。迎面凭崖雕塑了一组造像,中间坐佛高达 15.7 米,左右两尊菩萨侍立,喜笑颜开,千百年来在这里送往迎来。

　　沿栈道而行,越来越高,愈觉险峻。这些石窟中最著名的要数东崖的涅槃窟、千佛洞、散花楼七佛阁、牛儿堂、西崖的万佛堂和天堂洞。

　　涅槃窟是北魏晚期的建筑,窟前有四根粗短的石柱,柱头饰以莲瓣浮雕,柱顶不用斗拱,代之以"火焰宝珠"的浮雕,构思精巧,是中国石窟建筑的珍品。

　　从涅槃洞沿栈道而上就到了千佛廊。32 米的廊内,崖壁分上下两层整齐地排列着 258 尊石胎泥塑佛像。它们或喜或怒,或智或愚,秉性不同,神情各异,富于浓厚的生活气息。

　　出廊再向上走就到了散花楼七佛阁。它是麦积山石窟中最大的一个,是北周秦川大都督李允信为其亡父营造的。窟开凿在高达 50 米的山腰上,雄伟壮丽。窟内两大石柱之间有佛龛,龛内或一佛八菩萨,或一佛二弟子六菩萨。每尊塑像神态不一,体态丰腴,面容平静安详,衣着华美不俗。抬头仰望,每个龛内上壁间壁画精美。每幅壁画上都有四身飞天,她们或相对奏乐,或散花进香,神态潇洒,衣带飘摇,满壁风动。佛阁的天花板上残存一幅车马人行图,造型奇特,游人站在不同的角度看,画上马走的方向也不同。龛外走廊宽阔,站在走廊上,随手抛散些五色花瓣,花瓣纷纷扬扬飘向谷底,忽而却又向上乱飞,竟无一瓣落地。

　　七佛阁下侧是牛儿堂。三窟相连,龛内塑像线条流畅,做工精美。走廊前有一位威猛的天王,脚下踩着一头"金角银蹄"的牛犊。牛犊虽被踩在脚下,仍神气十足,跃跃欲搏。

从东崖到西崖，飞桥栈道凌空而过，即到万佛堂。万佛堂开凿于北魏晚期，经五代、宋、元重修，是麦积山石窟造像最多、最丰富的一个石窟。跨进门，迎面挺立着一尊3.5米高的接引佛，双目微合，面容和善，双手作缓缓接引之势，引导真心向佛之人进入极乐世界。窟内现存泥塑30余件，前壁左上侧留有影塑千佛千余身。泥塑中无论是沙弥、弥勒，还是供养人，制作都极其精巧，形神兼备。窟内有18块造像碑，刻有各种佛、飞天、弟子，每块碑上都布满贤劫千佛。第十号碑上刻有佛传故事，以释迦牟尼在仞利发愿为中心，描绘了燃灯受戒等佛教故事，是石雕连环画中的精品。

麦积山远眺

麦积山是一座拔地而起的孤峰，四壁陡峭，单峰挺立，林深草茂，既有北方峰峦的雄浑气势，又具江南山水的明媚秀容。麦积山石窟与甘肃敦煌莫高窟、山西大同云冈石窟、河南洛阳龙门石窟并称为我国四大佛教名窟。

出万佛堂走到栈道的顶点，就是两崖的最高石窟——天堂洞。正壁之上平列三浅龛，左右壁各开一龛。窟内全是大型石刻造像，这些造像雄浑有力，气韵生动。因这里更加险峻难攀，古代沿栈道登至此处者极少。

登上峰顶，极目远眺，重峦叠嶂，碧波似海。若在雨后，云雾缭绕，峰峦若隐若现，给人以"山在虚无缥缈间"之感，这就是秦州十景之首的"麦积烟雨"，古人有诗曰："最宜秋雨后，兼爱暮时烟"。

麦积山石窟任岁月流逝，依然光彩照人，峰峦秀丽的麦积山，吸引着越来越多的游人。

革命摇篮——井冈山

　　井冈山位于湘赣边界的罗霄山脉中段,群山巍峨,纵横逶迤,主要山峰海拔都在千米以上。这里山高林密,地势险峻。1927 年秋,毛泽东等共产党人率领中国工农红军,在这里创建了第一个农村革命根据地,为中国革命开辟了一条农村包围城市的道路,因而井冈山被称为"革命摇篮"。

"山下旌旗在望，山头鼓角相闻。敌军围困万千重，我自岿然不动。早已森严壁垒，重加众志成城。黄洋界上炮声隆，报道敌军宵遁。"当人们诵吟起这首《西江月·井冈山》时，仿佛看到毛泽东同志的高大身影屹立在井冈山上，以一个军事家的气度从容不迫地指挥着红军痛击前来围剿革命根据地的国民党反动军队，英名震天地，浩气贯长虹。

　　井冈山是中国革命的摇篮。1927年以后，中国革命进入了极其艰苦的年月。毛泽东同志领导了秋收起义，率领工农武装力量向湘赣边界的罗霄山脉进军，在井冈山开创了第一个农村革命根据地。1928年，朱德、陈毅率领的南昌起义部队也上了井冈山，和毛泽东领导的部队胜利会师，成立了中国工农红军第四军。从此，红军在井冈山开展武装斗争，井冈山根据地不断巩固扩大。

　　在今日的井冈山，到处开辟了以农村包围城市、武装夺取政权的道路，点燃了中国革命的燎原烈火。见到大量的革命遗迹和文物，到处可听到许多可歌可泣的革命故事，井冈山不仅是一座革命名山、英雄名山，而且处处有奇峰异洞、飞瀑流泉、翠林艳葩、珍禽异兽，风光旖旎迷人。朱德同志在1962年重上井冈山时，赞誉它为"天下第一山"，成为我国各族人民仰慕的革命圣地。井冈山位于罗霄山脉中段，南北、东西各绵延40多千米。称为"五百里井冈"。群峰耸峙，山峦雄伟，地势险要。井冈山的"井"字，意指山间小盆地。井冈山中有不少著名的小盆地。茨坪就是位于井冈山中心地带的一个小盆地，海拔800多米，四周被崇山峻岭所环抱，有路可通黄洋界、朱砂冲、八面山、桐木岭、双马石五大哨口。茨坪是当年红军党政机关集中的地方。红四军的军部、毛泽东和朱德的旧居以及其他革命政权机关均按原样修复供人瞻仰。盆地周围林荫浓密，中间有一小溪流过。北面山岗上耸立着庄严雄伟的井冈山革命烈士纪念塔和纪念亭，并有红军烈士墓，附近的博物馆内陈列着大量珍贵的革命文物和史料，向人们展示了当年革命斗争时期的情况。凳上纪念塔凭栏四望：北有黄洋界、南有五指峰和笔架山、东有严岭嶂、西有八面山，均有1400米上下，凌云摩天。而眼下的茨坪已成为一个繁荣的市镇，南边有南山公园，四周的湖塘点缀在农田和村舍之间，一派山木田园的恬静风光。

星星之火可以燎原

1927年毛泽东率领湘赣边界秋收起义队伍来到井冈山，因为这里远离中心城市和交通要道，敌人统治力量薄弱，当地党和群众的条件较好，保存着一些革命武装力量；地势险要，可以进行游击战争；当地自给自足的地区经济还能为红军提供给养。

1927年9月29日，部队到江西省达永新县三湾村，进行了有名的三湾改编，在部队中确立党的绝对领导，建立党的各级组织，为建立新型的人民军队奠定了基础。10月底，红军到达井冈山的茨坪。在毛泽东的领导下，红军在井冈山周围各县开展游击活动，打击反动地方武装，深入发动群众，重建地方党组织，建立工农民主攻权和群众武装。经过几个月的游击战争，井冈山山区和宁冈、永新、遂川、茶陵等井冈山周边地区，都为工农革命军所控制，井冈山根据地初步建成。毛泽东点燃的"工农武装割据"的星星之火，为中国革命照亮了胜利的前程。从此，井冈山成为中国革命的摇篮。

茨坪位于井冈山主峰北山麓，是第二次国内革命战争时期井冈山上最大的村庄，一直是井冈山革命根据地的中心。1927年10月下旬，毛泽东同志率领中国工农革命军到达茨坪，建立第一个农村革命根据地，茨坪成为整个党、政、军领导机关和后方根据地,毛泽东同志就是在这里写下了《井冈山的斗争》一文。这里留下许多革命遗迹,有毛泽东旧居、朱德旧居等。

井冈山会师油画

1928 年 4 月,毛泽东所率的秋收起义余部和朱德、陈毅所率领的南昌起义剩余部队在井冈山胜利会师。两支部队合并为中国工农红军第四军,朱德担任军长,毛泽东任党代表。井冈山会师对于革命队伍军事实力的增强起到了重要的作用,对中国革命以后的发展产生了巨大的影响。

当年井冈山军民利用天险修筑了黄洋界、八面山、双马石、桐术岭、朱沙冲五大哨口,其中黄洋界是游人必游之处。"过了黄洋界,险处不须看。"黄洋界海拔 1343 米,居高临下,扼据山口,形势险要,当地居民称之为摩天岭。1928 年,红军以不足一个营的兵力,凭借黄洋界天险,击退了来犯之敌,取得了黄洋界保卫战的胜利。至今,当年哨口和上山小路还依稀可见,红军营房保存完好。现在这里建有黄洋界保卫战胜利纪念碑,碑文为朱德书写,另一面镌刻毛泽东手书《西江月·井冈山》。碑前有大理石屏风,上有"黄洋界"三个大字。

井冈山景区以茨坪为中心,分为茨坪、龙潭、黄洋界、笔架山、桐术岭、湘洲、水口、主峰八大景区。

井冈山最有名的景区龙潭瀑布群位于茨坪西北 7 千米处,有"五潭十八瀑"之说,以瀑布众多,落差大,形态美而著称。

从潭口沿石阶而下,首先映入眼帘的是碧玉潭。清亮的山泉飞流直下 68 米,犹如一条白练凌空垂挂,喷珠吐玉。潭水晶莹,碧绿如玉,故称碧玉潭。沿溪不远,即到锁龙潭和珍珠潭,锁龙潭瀑布掩映在深邃的幽谷中,水流从平整的大石头上均匀下滑,水色清幽,委婉动人。珍珠潭瀑布落差达 30 米,自水口喷泻而下,如珠落玉盘,四处飞溅,潭边巨石有谢觉哉题写的"珍珠"二字。

茅坪八角楼毛泽东旧居内景

八角楼位于茅坪村,井冈山斗争时期,湘赣边界党、政、军领导机关和红军后勤机关曾设在这里。八角楼是茅坪村的一栋土砖结构两层楼房,因装饰八角天窗而得名。

离三潭不远即是击鼓潭，瀑布势猛流急，如飞凤凌空。出口处中横巨石，瀑水从中分开，如双龙戏珠。夺路而下的急流，声似鼓点，铿锵悦耳。

沿步道行至谷底，便到玉女潭。瀑布受山势阻碍，先分两股，再顺山势而合。上似云鬟高耸，中似柳腰款款，下若裙裾飘飘，犹如一位体态柔美的仙女翩翩起舞。

《西江月·井冈山》毛泽东 1928 年秋

毛泽东诗词题材多样，大都与革命或建设事业密切相关，表现了无产阶级的爱国主义、国际主义、革命英雄主义和共产主义理想等主题，真切反映了中国革命和建设各个阶段的动人风貌。

与龙潭相连的为金狮面风景区,这里的奇峰怪石和飞瀑流泉构成一组雄伟奇异的自然景观。双峰夹峙的一线天,中留一条空隙,陡窄的石级道高达百米,仅容一人通行,道途浓荫蔽日,仅有一束阳光透入。一线天右侧有回音壁,站在回音壁前呼喊,顿时山谷共鸣,回音缭绕。一线天左侧有一巨石高悬,名"琴台"。登台四顾,怪石林立,其中一石紫色如龙,一石方正似印,故名"紫龙守印",又名"金龟击鼓"。金狮面的飞瀑也颇具特色,金溪水似银河天降,化为三瀑,上为长虹瀑,中为水帘瀑,下为彩裙瀑,还有一奇特的"间歇瀑",落差达 82 米,隔几秒钟,涌起几米高的白浪,好像珠帘漂浮而下。

井冈山流泉淙淙,清淳明净,但有一处泉水却是朱红色的,即著名的朱砂冲。这里山高路险,是当年井冈山通往遂川的唯一通道。在悬崖峭壁的山腰,有一座观音亭。当年井冈山的朱砂冲哨口就设在观音亭上。

井冈山的主峰是五指峰,位于茨坪西南 5 千米处,因五座山峰并列,酷似五指而得名,也是井冈山的象征。这里峰峦绵亘数 10 千米,气势磅礴,巍峨险峻,有保存完好的原始森林。春季峰峦叠翠,夏季鸟语花香,秋季层林尽染,冬季银装素裹。这里是天然的动植物园。

五指峰右侧的水口则以曲溪流泉、飞瀑深潭取胜。从水口洞门前行,两边石峰对峙,崖壁如削,构成一条长两里的大峡谷。谷地溪流涓涓,两边杜鹃成林,芳香四溢。一条石块铺就的小路曲折蜿蜒,行至峡谷深处,顿时豁然开朗,一条高 96 米的梯形大瀑布映入眼帘。晴朗的上午,阳光照射在瀑布上,折射出一道七色彩红,故名彩虹瀑。更为奇特的是当沿水雾弥漫的石阶行走时,彩虹便随之移位,往上走,彩虹出现在瀑布上首;往下走,彩虹又出现在瀑布下首。

井冈山多杜鹃，其中又以笔架山为最。登上笔架山，左右两侧山脊上高大挺拔的杜鹃树，长达十余里。每当暮春时节，满山杜鹃竞相开放，千姿百态，如海似潮，脚下则是落花铺就的香径。

除杜鹃之外，笔架山到处是成片的台湾松，这些古松苍莽遒劲，形态各异，似凤凰还巢，如飞龙下海，因此，笔架山又有"十里杜鹃十里松"之誉。

井冈山还有大型的熔岩石洞，石燕常年栖息在洞中。洞口宽3米，洞深150米，洞内分若干层，洞中有洞。洞内钟乳石造型奇特，形形色色，栩栩如生。

山水的天然，峰峦的坚毅，杜鹃的火热，青松的品格，这，就是井冈山。

造化神奇第一山——长白山

　　长白山被誉为东北第一山,其丝毫未经人工雕凿的朴质、绮丽而雄浑的风光特质,使其成为人们神往的地方。只有来到长白山,才知道什么是大自然的鬼斧神工,什么叫天地造化的神奇。

边陲名山自然美

长白山坐落于吉林省东南部与朝鲜民主主义人民共和国接壤的边陲地区,是中朝两国的界山。周秦以前长白山称不咸山,汉代称单单大岭,北魏称徒太山、太皇山,唐称太白山,金代始称长白山。

长白山瀑布

长白山瀑布位于天池北侧,落差68米,因为是长白山名胜佳景,所以称为长白瀑布。湍急的流水注入二道白河,即松花江正源。"望瀑坡""观瀑亭""高燕吻瀑"等处是观瀑的最佳之处,水汽弥漫,虹霓霞雾的瀑布尽收眼底。

长白山是一座休眠火山。近400年来有过三次火山喷发。主峰白头山山顶堆积了许多灰白色的浮岩，加之山顶终年积雪，远望此山，银盔素甲，洁白如洗，长白山之名即由此而来。长白山山体高大，是松花江、图们江、鸭绿江的发源地，素有山高水长之誉。

林海蜿蜒腾绿浪

长白山气势雄伟，景色绮丽，林海、天池、瀑布、温泉为著名的四大景观。

长白山景观多样，物种丰富，是原始状态保存最完整的宝地。从山脚到山顶，呈现出从温带到寒带的不同景观。长白山分四个垂直景观带，即针阔叶混交林带、针叶林带、岳桦林带、山地苔原带，这在全球堪称一绝。若在别处想见到这些景色，非得从南向北跋涉几千千米不可。

夏季是长白山的黄金季节，远远望去就像蜿蜒起伏、绿浪翻滚的海洋，莽莽苍苍，一望无际，这就是人们常说的"长白林海"。连绵起伏的群山，被浩瀚的针阔叶混交林覆盖着。雄伟高大的红松、树冠似塔的落叶松、笔直挺拔的云杉、枝丫繁茂的紫松随处可见，质地坚硬的水曲柳、黄菠萝、胡桃楸，秀丽的白桦，高大的山杨，闪光的紫椴随处可见。最引人注目的还数长白赤松，它橘黄色的树干挺拔秀丽，针叶苍翠，树冠婀娜多姿，在微风中摇曳起舞，显得亭亭玉立，分外妩媚，难怪它又被誉为"美人松"。

向上攀登，在茫茫林海中漫步，当你觉得放目所及均为苍松翠柏几乎无一杂树时，已是到了针叶林带。这里常年湿冷，云雾笼罩，以红松、云杉、落叶松等针叶树为主，树高林密。

岳桦林带地势高峻，气温低，风力强，每年八级以上大风达二百多天，连傲风雪的松树也在这里销声匿迹了，只有抗风能力极强的岳桦林顽强地生存着。

海拔 2000 米以上到山顶，是高山苔原带。这里天寒地冻，只有由小灌木、多年生草本、地衣苔藓构成的广阔苔原，恰如天然大地毯。五彩缤纷的野花——黄色的高山罂粟和牛皮杜鹃、紫色的长白棘豆、白色的仙女木等等，看似渺小柔弱，却充满了韧性与力量，装点着山顶。

水满云低别有天

登上长白山主峰白头山山顶，观看长白山天池的胜景，是游长白山不可缺少的内容。天池如同长白山中一颗光华四射的大明珠，那么富有魅力与吸引力。"一泓天池水，层峦叠嶂峰。苍穹云袅娜，飞来万道虹。"这是对天池湖光山色的生动写照。天池被巍峨险峻的长白十六峰环抱着，从峰顶俯瞰这一泓碧水，平静晶莹，恰似镶嵌于群峰之中的一块硕大的蓝宝石。天池内壁，是白色的浮石和粗面岩组成的悬崖壁。冰封雪锁之时，湖面好似一面光可照人的明镜，镶嵌在水晶雕成的凹凸不平的大镜框里；冰消雪融之季，又像鬼斧神工琢成的白玉盘，盛满碧绿的琼浆玉液。来到天池之畔，宛如进入了人间仙境。峥嵘的十六峰像一道摩天的屏障，隔断了尘世。湖水深幽、宁静、碧蓝透明，透出阵阵沁人心脾的凉意。空气纯净而湿润，天上的悠悠白云，在水中轻盈地飘动，真是美得出奇。前人有诗赞天池胜景曰："周回八十里，峭壁立池边。水满疑无地，云低别有天。江山宜漫画，鹿逐结前缘。预卜携书隐，邀游慰晚年。"

俯视长白山天池湖面，气象森然，水势浩渺。一种肃穆、冷峻而又带有几分诡秘的感觉，悄悄袭来，使人沉浸在一种惊心动魄的峻美之中。天池之上多云、多雾、多雨，气象瞬息万变，雾霭氤氲，虚无缥缈，烘托得天池愈显诡怪奇妙。除天池外，长白山上还有许多大小湖泊，比较有名的是小天池和圆池。

疑似龙池喷瑞雪

天池周围峭壁百丈,只有北侧龙门峰与天豁峰之间有一断裂缺口,名曰闼门,天池水从此口源源外流,在山谷间形成一狭窄河道,向北流去。由于山大坡陡,水流湍急,白浪翻滚,看上去如同一架斜立着的白色天梯,故称乘槎河。"乘槎"乃神话传说中乘木排上天之意,故人们又称此河为通天河或天河。乘槎河全长1280米,奔腾在海拔约2100米的高山之巅。在乘槎河尽头处,水流以雷霆万钧之势,从海拔2070米的悬崖峭壁处跌落,形成落差68米的瀑布,这就是著名的长白山瀑布。

长白山瀑布由三道瀑流组成,形似"川"字。粗壮者如银河倒倾,波涛滚滚;清瘦者如白练悬天,凌空而下。那如巨雷一般的轰隆之声在山谷中不停地回荡,很远就能听到。越走近瀑布,就越发感到瀑布气势之雄大壮丽。立数丈之外,就会感到细雨霏霏,水雾缭绕;如立于跟前,瀑布珠飞玉溅,就像瓢泼大雨一样,不仅衣履尽湿,而且连呼吸也感到困难,水声咆哮,仿佛置身雷雨交加之境。仰望气势磅礴的长白飞瀑,银河飞溅处水雾弥漫,化作条条彩虹,与白茫茫的水帘相互辉映,成为天然胜景。冬季,瀑布在寂静的山谷中飘然落下,下面凝结的冰山,像水晶一样通明,势如银河落下千堆雪,飞出万缕烟,构成壮观的北国风光。清朝刘建封在诗中赞美道:"疑似龙池喷瑞雪,如同天际挂飞流。不须鞭石渡沧海,直可乘槎向斗牛。"

温泉池水浴飞尘

天池北侧,距长白瀑布约一千米处,泉流汩汩,这就是著名的长白温泉群。此温泉群占地一千多平方米,终年涌流不息,热气腾腾,水温约60℃至80℃,最高可达82℃,泉眼大小不一,有的大如碗口,有的细如指环。

长白山温泉炽热的生命力，为它博得了"高热温泉之冠"的称誉。泉中含有多种矿物质和微量元素，对治疗胃病、关节炎、皮肤病等均有较好作用。温泉水又将附近的岩石、砂砾染上各种颜色，五色斑斓，别有一番景致。到过长白山的人无不视洗温泉浴为一大享受。有诗这样说："更喜温泉池水净，飞尘浴后一身轻。"至于用温泉水煮鸡蛋、热饭、热菜，美美地吃上一顿热乎乎的野餐，更是一大乐趣。

冬天，四周群峰和险崖从上到下银光闪闪，犹如宏伟的白色城堡。在这冰封雪冻的山上，温泉水仍旧汩汩流出，升腾的热气，像炊烟一样袅袅升起，整个山谷顿时显得生机勃勃。

冰峰玉立插云寒——天山

　　天山古称北山、雪山、阴山，横亘于亚洲腹地。最高峰是托木尔峰，海拔 7435 米。天山是塔里木盆地和准噶尔盆地的天然分界线，它将新疆分为南疆和北疆，西来的湿润气流被它阻挡，形成冰川雪峰，炎夏融水成河，滋润着天山南北的牧场。

我国西北新疆境内的天山，是一个充满魅力的地方。天山群峰高耸入云，披着银盔白甲般的冰雪，在湛蓝的天穹下晶莹闪亮。山坡上云杉成林，芳草成茵，牛羊成群，是维吾尔族牧民的牧场。被称为天山明镜的天池，是一个由古代冰川和泥石流堵塞河道而形成的高山湖泊。湖面曲折幽深，宽数百米到千余米，长达3千米。四周雪峰上消融的雪水汇集于此，平静清澈的湖水倒映着青山雪峰，一片安谧宁静的气氛，使人感到无比舒适。

从乌鲁木齐市乘汽车到天山天池有100千米，一路上奇峰峥嵘，浮云缭绕，山路蜿蜒曲折。路经石峡，风光奇特。石峡两侧山峰接天，抬头只见蓝天一线。一道清溪由远方奔腾而来，从陡峻的河谷中直泻而下。转过山头，有一个碧绿的小湖，传说是王母洗脚的地方，名为小天池。从小天池盘山而上，即到了海拔近2000米的天池了。这里青山和碧水相映，白云和绿树共影，湖光山色，风光绮丽。四周山坡上，挺拔的云杉苍翠，林间草坡中山花盛开。特别在盛夏季节，这里气候凉爽、空气清新，是一处难得的避暑胜地。倘若严冬来临，满山上下银装素裹，雪压冰封，湖平如镜，冰冻数尺，又成为一个天然的冰上运动场。天池南面衬映着雄伟的博格达峰。博格达峰海拔5445米，是天山东部第一高峰，巍峨挺拔，山峰3800米以上是终年不化的积雪区，山顶白雪皑皑，故有"雪海"之称。远望有三峰并列，高入云霄。山谷中有50多条现代冰川。这里冰雪的融水涓涓流淌，汇入天池，流向山麓，滋润着天山脚下的大地，形成一片片"绿洲"。博格达峰是勇敢的登山者攀登的目标。据传，"一代天骄"成吉思汗曾登上博格达峰，并在天山会见了当时西来传道的长春真人丘处机。唐朝时在博格达峰下设过"瑶池都护府"。清朝乾隆年间的新疆都统明亮曾在博格达峰和天池一带勘察地形，开山引水，并在天池渠口附近立石碑纪念此举。

天池附近还有不少名胜古迹,曾经建立过十几座古刹。清乾隆年间所建的福寿寺隐藏在翠林深处,因用青砖铁瓦所建,所以又称"铁瓦寺"。天池的西面还有东岳庙遗址,池下有无极观。翻过香炉台,即可见到被称作"锅底坑"的山间凹地,这是一处牧草丰美的夏季牧场。在平坦的草地上,突兀着一座高出周围山头的奇峰,称为"灯杆山",传说过去山上有一盏长明的"天灯",远在百里之外的乌鲁木齐还可以看到它的光辉。有"静扫群山出,突兀撑有空"的诗句赞美灯杆山的气势。

天山中还有许多珍奇的动植物。最引人注目的是满山遍野的云杉和塔松,四季常青。林中到处可见野蔷薇、松蘑和各种药用植物。春夏之际,山花烂漫,姹紫嫣红,香气袭人。在3000多米以上的雪线附近,顶风傲雪的雪莲凌寒怒放。雪莲形似莲花,叶如芭蕉,叶色淡绿,花瓣洁白,花蕊为紫红色和橙色,一朵花如碗口大,芳香四溢,为这一片冰天雪地的世界带来了勃勃生机。天山的密林之中,还有大角绵羊、天山鹿、天山羚羊蹦跳出没。雪线附近的雪鸡和天池湖畔的狍子,是餐桌上的美味佳肴。

天山是维吾尔族等少数民族聚居的地方。能歌善舞的维吾尔族人热情、豪放、好客,在天池附近设有不少帐篷毡房,用奶茶、抓饭、烤羊肉等富有民族特色的饭菜和哈密瓜、葡萄等甜美瓜果款待来客。每当清风明月之夜,美丽的姑娘和英俊的小伙子,还有老人和小孩,都围着篝火,弹起冬不拉,跳起新疆舞,给来此的四方游客留下了难忘的印象。

丝绸古道车马喧

历史上对天山早有记载,《山海经》称天山为"(西)王母之山",张骞的车骑、班超的鞍马曾在此跋涉,负重的商队、匆匆的使节与虔诚的僧侣,组成了丝绸之路上千年的行旅队伍。

天山积雪图　清　华嵒

　　北京故宫博物馆藏此图表现雪山寒驼之景,皑皑白雪覆
盖着耸入云霄的天山,山下一红衣旅人手牵骆驼正缓缓行进
于冰天雪地中。苍凉的天宇中,一只孤雁冲霄而过,脆鸣声
声,引得旅人与骆驼同时驻足仰观。天空的清冷与天山的白
雪令人望而生寒,而旅人披身大氅,那火焰般的红艳与骆驼
黄褐色的暖色调却给人以温暖之感,强烈的对比构成了深远
的意境。

天山西部伊犁霍城县果子沟地势险要,自古以来就是中原通往中亚和欧洲大陆的要道。相传成吉思汗西征时曾命二太子察合台在此凿石铺道,架桥48座。丘处机应成吉思汗之邀西去路过此地,曾赋诗一首:"金山东畔阴山西,千岩万壑横深溪。溪边乱石当道卧,古今不许通轮蹄。前年军兴二太子,修道架桥彻溪水。今年吾道欲西行,车马喧阗复经此。"

天山东段,博格达峰西北的半山腰上,有一个美丽的高山湖泊,宛若一块晶莹的宝石镶嵌在绿林雪峰之间,这就是被称为"人间仙境"的天山明珠——天池。

传说,天池是王母娘娘的沐浴池。又说,3000年前,天池是游牧部落首领西王母居住的仙境瑶池。西周周穆王曾驾八骏御辇漫游至此;唐朝曾在博格达峰下设"瑶池都督府";成吉思汗曾登临博格达峰,在天山上会见长春真人丘处机。唐宋以前,人们一直称天池为"海子",唐宋以后曾有瑶池、冰池、龙湫、龙潭之称。"天池"一名源自清代,取"天镜,神池"之意。乾隆四十八年(1783年),新疆都统明亮登博格达山。至天池,见出水口为巨石所堵,不能下泻,于是开渠引流,灌溉农田。不料次年池水暴落,渠口高出水面数十尺,无水下泻。他在渠口附近立碑纪念,并亲题《灵山天池统凿水渠碑记》记述此事。

中国第一部神话小说《穆天子传》记载,西周时,周穆王驾着八匹马拉的车子西巡,西王母在风景秀丽的瑶池设宴款待穆王,举觞奏乐,热情洋溢。穆王赠给王母大批中原特产和丝绸,西王母亦回赠当地瑰宝奇珍,并请其游历当地山川名胜。穆王书"西王母之山",并植槐树留念。

明月天山云海间

　　天山美丽多姿，雪峰高插云天，最高峰托木尔峰，海拔 7400 多米，耸立于云雾之中，垂下条条冰川。山腰间森林牧场，牛羊成群。小溪流水，穿林绕石。高山湖泊，如面面明镜，闪耀在山巅。山脚下的绿洲，更是绿草如茵，繁花似锦。